ALTDEUTSCHE TEXTBIBLIOTHEK

Begründet von Hermann Paul †
Fortgeführt von Georg Baesecke †
Herausgegeben von Hugo Kuhn
Nr. 59

Die Gedichte

des

Wilden Mannes

Herausgegeben

von

Bernard Standring

MAX NIEMEYER VERLAG / TÜBINGEN 1963

INHALT

©

Max Niemeyer Verlag, Tübingen 1963 · Alle Rechte vorbehalten

Printed in Germany · Satz und Druck: H. Laupp jr, Tübingen

EINLEITUNG

I. Die Handschrift

Die Gedichte des Wilden Mannes sind uns in einer Pergamenthandschrift des 13. Jahrhunderts überliefert, die sich jetzt in der Niedersächsischen Landesbibliothek zu Hannover befindet und die Bezeichnung „Kodex I 81" trägt. Nach einer kurzen Erwähnung in J. G. Eccards *Catechesis Theotisca*, Hannover 1713, S. 111, wurde sie von H. F. Maßmann in v. d. Hagens *Germania* I (1836) S. 170–177 beschrieben, und dann noch einmal von W. Grimm und K. Köhn in ihren Ausgaben der Gedichte des Wilden Mannes und Werners vom Niederrhein; außerdem von W. Proennecke: *Studien über das niederrheinische Marienlob*, Göttinger Dissertation von 1904, S. 8 ff., von A. Müller: *Das niederrheinische Marienlob*, Berliner Dissertation von 1907, S. 13 ff. und von A. Bach: *Das Rheinische Marienlob, eine deutsche Dichtung des 13. Jahrhunderts*, Leipzig 1934, S. XIII f.

Inhalt der Handschrift.

Blatt 1 r–93 v: Das Rheinische Marienlob (veröffentlicht von W. Grimm in: *Marienlieder*, ZfdA 10 (1856) S. 1–133, von A. Bach: *Das Rheinische Marienlob, eine deutsche Dichtung des 13. Jahrhunderts*, Leipzig 1934).

Blatt 94 r–121 r: Die Gedichte des Wilden Mannes (veröffentlicht von W. Grimm in: *Wernher vom Niederrhein* (siehe Bibliographie), von K. Köhn in: *Die Gedichte des Wilden Mannes und Wernhers vom Niederrhein* (siehe Bibliographie)).

Blatt 121 r–133 r: Das Gedicht Werners vom Niederrhein (veröffentlicht von W. Grimm und K. Köhn (siehe oben), gekürzt von

P. F. Ganz, in: *Geistliche Dichtung des 12. Jahrhunderts* (siehe Bibliographie)).

Blatt 133 r–134 r: Ein Prosasegen (veröffentlicht von W. Grimm in: *Altdeutsche Blätter* 2 (1840) S. 1–2).

Blatt 134 v–137 r: *Unsir vrowen clage* (veröffentlicht von W. Grimm in ZfdA 1 (1841) S. 34–38, von O. Schade in: *Geistliche Gedichte des XIV und XV Jahrhunderts vom Niederrhein*, Hannover 1854, S. 207–213).

Blatt 137 r–137 v: Die Nachschrift des Schreibers (veröffentlicht von W. Grimm und K. Köhn in den Einleitungen zu ihren Ausgaben (siehe oben)).

Äußeres der Handschrift.

Glatter Ledereinband – 140 × 90 mm. 137 Blätter. Schriftspiegel 106 × 68 mm. Zeilenzahl 20 (außer 106 v, 120 v und 121 r, die jeweils 21 Zeilen haben). Drei Hände: A: Blatt 1 r–80 v, B: Blatt 81 r–93 v, C: Blatt 94 r–137 v. An manchen Stellen, besonders am Anfang, ist die Schrift stark ausgebleicht, einiges ist kaum noch lesbar (z. B. Blatt 6 r, 7 r, 8 r, 11 r, 14 v und 17 r). Bei den Gedichten des Wilden Mannes ist der Erhaltungszustand der Schrift im allgemeinen besser. Die Verse sind dort nicht abgesetzt aber fast immer durch Reimpunkt getrennt. Außerdem ist in der Regel der Anfang jedes Reimpaars durch Großbuchstaben bezeichnet. Rote Abschnittinitialen treten in unregelmäßigen Abständen auf. Sie entsprechen in den meisten Fällen nicht unseren Vorstellungen der inhaltlichen Gliederung. Die Gedichte stehen auf den Blättern 94–121, was vier Lagen entspricht. Am Anfang der ersten Lage fehlen zwei Blätter, und in der dritten Lage fehlt jeweils ein Blatt nach 111 und nach 112. Es ist aber nicht anzunehmen, daß die fehlenden Blätter beschrieben waren, denn der Sinn ist nicht gestört.

Geschichte der Handschrift.

Aus einer Besitzereintragung auf dem unteren Rande von Blatt 1 r geht hervor, daß sich die Handschrift eine Zeitlang in

dem 1334 gestifteten Karthäuserkloster Sankt Barbara zu Köln
befand. Die Eintragung lautet (Kürzungen aufgelöst):
liber domus Sanctae Barbarae in Colonia ordinis Cartusiensis
de laudibus Beatae Mariae Virginis. 1 v.
A. Bach (*Das Rheinische Marienlob, eine deutsche Dichtung des
13. Jahrhunderts*, Leipzig 1934, S. XIII) sieht darin die Jahres-
zahl 1455. Obwohl die Zeit ungefähr stimmen muß, könnten die
Buchstaben 1 v auch eine Signatur der Klosterbibliothek sein.
Eine Abhandlung über die Geschichte des Klosters findet sich
bei C. Schneider: *Die Kölner Kartause von ihrer Gründung bis
zum Ausgang des Mittelalters* (= *Veröffentlichungen des Histori-
schen Museums der Stadt Köln* 2), Bonn 1932.

II. Der Wilde Mann und Werner vom Niederrhein

Als Wilhelm Grimm die Gedichte des Wilden Mannes und Wer-
ners vom Niederrhein veröffentlichte, hielt er die beiden Dich-
ter für identisch. Franz Pfeiffer hat als erster festgestellt, daß die
Gedichte von zwei verschiedenen Dichtern stammen und auf die
Verschiedenheit der Reimkunst aufmerksam gemacht. Während
in fast 1600 Versen der Wilde Mann keine konsonantisch unge-
nauen Reime aufweist, bringt Werner 11 solche Reime in nur
690 Versen. Pfeiffer hielt dies für ausschlaggebend und bemerkte,
man hätte die beiden Dichter niemals für identisch gehalten,
„ständen nicht ihre Gedichte zufällig in der selben Handschrift".
Für sich allein würde dieser Beweis vielleicht nicht ausreichen,
aber Pfeiffer konnte auch zeigen, daß der Name „Der Wilde
Mann" nicht notwendigerweise ein Beiname oder Deckname ge-
wesen sein muß, wie Grimm angenommen hatte, sondern durch-
aus ein echter Familienname gewesen sein kann. Er verwies auf
denselben Namen in Urkunden des 12. und 13. Jahrhunderts,
z. B. „Uolrichus miles, dictus Wildenman", „XI Kal. Junii obiit
Wilhelmus Wildenman", „Heinrichus der Wildeman, ein ritter"
und „Hermannus dictus Wildman".

Die Verschiedenheit der Dichter geht auch aus dem verschiedenen Stand ihrer theologischen Kenntnisse klar hervor. Während Werner durchaus den Eindruck eines geschulten Theologen macht, finden sich in den Gedichten des Wilden Mannes nicht wenige Fehler, die sich nur aus mangelhafter Bibelkenntnis erklären lassen.

III. Ausgaben der Gedichte

Die Gedichte des Wilden Mannes wurden zuerst von Wilhelm Grimm mit dem Gedicht Werners zusammen unter dem Titel *Wernher vom Niederrhein,* Göttingen 1839 herausgegeben. Diese Ausgabe ist ein reiner Handschriftenabdruck, wobei nicht einmal die Abkürzungen aufgelöst worden sind. In seiner Vorrede erklärt Grimm die Grundsätze der Ausgabe: „In dem abdruck ist nichts geändert, als daß die fortlaufenden zeilen abgesetzt, und die rothen anfangsbuchstaben,... wie die rothen überschriften, nicht durch farbe unterschieden sind. außerdem habe ich die überschriften des zweiten, dritten und vierten gedichtes zugefügt." Aber dennoch hat Grimm manches übersehen und sogar eine Zeile (IV 206) ausgelassen. In seinen Anmerkungen hat er dann versucht, dunkle oder verderbte Stellen zu erläutern oder Besserungen dafür vorzuschlagen. Nach ihm haben sich mit dem Text befaßt: Grimm selbst zusammen mit Haupt und Wackernagel, Pfeiffer, Hofmann, von Bahder, Meier und Sprenger (siehe Bibliographie). Köhns Ausgabe, die bei den Kritikern wenig Anklang fand, erschien 1891. Er hat versucht, die Schreibweise so zu regeln, daß „bei den verschiebungsfähigen Konsonanten der nmfrk. (sic) bei den übrigen, sowie bei den Vocalen, namentlich im Reime, derjenige Lautstand durchgeführt wurde, welcher sich als der wahrscheinlichste ergeben hatte". Außerdem hat er *u, v,* und *w* normalisiert, ohne dies ausdrücklich zu vermerken. Von dieser Normalisierung abgesehen, hat Köhn in fast 70 Prozent der Verse Änderungen vorgenommen. In seiner Einleitung hat er die Verskunst und die Dialektfrage eingehend untersucht, aber seine Ergebnisse sind von C. von Kraus, O. Behaghel und besonders von A. Leitzmann sehr scharf kritisiert worden (siehe Bibliographie).

IV. Inhalt der Gedichte

Die ersten beiden Gedichte behandeln das gleiche Thema – die Legende des Schweißtuches der Veronica. Das erste enthält eigentlich ein Leben Christi, in welches ein Teil der Veronicalegende eingeschoben worden zu sein scheint (I 89–196). Das Gedicht schließt mit einem klaren „Amen". Das zweite behandelt dann die Heilung des römischen Kaisers Vespasianus durch das Wundertuch und die darauffolgende Eroberung Jerusalems durch Vespasianus und Titus. Im ersten Gedicht ist der Veronicateil entbehrlich, und ohne ihn wirkt das Gedicht sogar geschlossener. Auch wird Veronica im zweiten Gedicht als eine dem Leser schon bekannte Person vorgestellt (II 82). Noch dazu ist die Stellung des Veronicateils im ersten Gedicht unglücklich, da das ganze Geschehen noch vor der Taufe Christi stattfindet. Es scheint also tatsächlich so, daß der Dichter den Veronicateil in ein bereits fertiges Gedicht eingeschoben und dieses dann mit dem Titel „Dit ist Veronica" (der einzigen Überschrift zu den Gedichten des Wilden Mannes) versehen hat.

Das dritte Gedicht, von Grimm „Von der Girheide", von Köhn „Van der Girheit" betitelt, ist ein ausgesprochenes Lehrgedicht. Es wird vor Hochmut und falschem Zeugnis gewarnt, die zur Habsucht und zum unrechten Besitz führen. Der Dichter betont, man könne nicht ins Himmelreich gelangen ohne die Tugenden Geduld, Demut und Barmherzigkeit. In der Mitte eingeflochten ist eine gut gelungene Allegorie von der Lebensweise des guten Christen: der Garten des reichen Mannes.

Das letzte Gedicht, von Grimm „Christliche Lere" betitelt, dient ebenfalls einem lehrhaften Zweck. Zuerst werden einige biblische Namen ausgelegt, dann geht der Dichter zu einer Betrachtung der Weisheit und der damit verbundenen Tugenden Treue, Demut und Barmherzigkeit über.

V. Zur Persönlichkeit des Dichters und zur Datierung
seines Werkes

Über die Persönlichkeit des Wilden Mannes läßt sich nur weniges mit Sicherheit sagen. Da er sonst in keinen Urkunden dieser Zeit genannt wird, muß alles den Gedichten selbst entnommen werden. Viermal (I 1, 587, III 161, IV 100) nennt er sich „di wilde man". Grimm meinte, daß er „mit diesem namen wol seinen mangel an kenntnissen... andeuten wollte". Köhn faßte *wild* als „fremd" auf und glaubte, der Dichter habe sich diesen Namen selbst beigelegt, weil er – wie Köhn aus der Dialektmischung schloß – vom Grenzgebiet des niederfränkischen Sprachraums übergesiedelt sei. Folglich war er in seiner neuen Heimat ein Fremder, ein Unbekannter. H. Eggers im *Verfasserlexikon* (siehe Bibliographie) deutet auf die Möglichkeit hin, der Dichter könne diesen Namen bekommen haben, weil er als Laie trotz kirchlichen Verbotes darauf bestand, religiöse Gedichte zu schreiben. Aber die schon erwähnte Erklärung Pfeiffers, daß es sich hier um einen gewöhnlichen Zunamen handelt, ist wohl die einfachste und befriedigendste.

Köhn glaubte eine innere Entwicklung des Dichters feststellen zu können: während er in I sich beschuldigt, „profanen und weltlichen Dingen nachgegangen zu sein", scheine er in III „über sich selbst schon ziemlich beruhigt zu sein", und in IV sei er „mit sich wol ganz zufrieden". Daraus schloß Köhn, der Dichter sei „möglicherweise ... erst nach einem längeren weltlichen Leben" in den geistlichen Stand getreten. Aber eine solche „Dichterbiographie" ist äußerst gewagt und kaum aus dem Texte zu stützen.

Aus dem Vers IV 117, den Köhn in seiner Beweisführung nicht zitierte, ist wohl zu entnehmen, daß der Wilde Mann Geistlicher war:

is ist recht, dat wir iz v dudin...

Ich verstehe: „Es ist recht, daß wir (der Klerus) es (das *uerbum dei* der Zeile 115) euch (den Laien) kund tun." Daß ein Laie im 12. Jhdt. behauptet, er habe das Recht, das Wort Gottes zu verkünden, ist doch sehr unwahrscheinlich. Ob sich der Dichter aber erst spät in seinem Leben für den geistlichen Stand entschloß, ist nicht festzustellen und auch nicht von großer Wichtigkeit.

Der Dichter spricht von sich selbst an folgenden Stellen: I 1–3, 47–57, 587–596, III 1–4, 161–167, 292–293 und IV 100–101. Hier findet man die Demuts- und Bescheidenheitsformeln, die bei den Dichtern dieser Zeit üblich waren. Vor allem ist er bemüht, Sünder zu bekehren, und in I 55–56 drückt er seine Absicht am klarsten aus:

> wolde mich got so vile leren,
> dat ich *einen* menschen mochte bikeren...

Auch für die Bestimmung ihrer Abfassungszeit sind wir auf die Gedichte selbst angewiesen. In II 1–2, wo es heißt:

> Ein wnder zu Rome *giscach*
> vor zwein undi vierzich iaren undi ein dach...,

ergänzten Grimm und Köhn *dusunt* vor *zwein* und kamen damit auf das Jahr 1112 = 1042+70 (Jahr der Eroberung Jerusalems) für eine Quelle, die der Wilde Mann bei der Abfassung seines Gedichtes benützt haben könnte. Nach der Erklärung dieser Stelle durch K. Stübinger, auf die in der Anmerkung zu II 2 eingegangen wird, entfällt dieses Argument. Der einzige Anhaltspunkt ist die Eroberung Jerusalems durch Saladin im Jahre 1183. Wäre das Gedicht später abgefaßt worden, so hätte der Dichter dieses Ereignis bestimmt erwähnt. Da er dies aber nicht tat, ist es wahrscheinlich, daß Jerusalem noch in christlichem Besitz war, als das Gedicht geschrieben wurde. Wir haben also das Jahr 1183 als Terminus ante quem. Die Sprache kann nicht viel älter sein und man hält heute allgemein die siebziger Jahre des 12. Jhdts. für die Abfassungszeit.

VI. Zum Text.

Der Text ist sehr schlecht überliefert. In seiner Vorrede schrieb Wilhelm Grimm: „den text hat der jugendliche schreiber unglaublich verwahrlost" und Franz Pfeiffer meinte sogar, „daß keine Zeile richtig und fehlerfrei überliefert ist". Die Willkür des Schreibers geht aus einer offensichtlich verderbten Stelle klar hervor. IV 171 heißt es:

> Abraam was di erste man,
> di der truwin bigan.

Dann wird dasselbe, vermutlich unabsichtlich, wiederholt:

> undi was der erste deme man,
> di dir truwen bigan.

Es ist also klar, daß der Schreiber seine Vorlage recht nachlässig kopierte.

In der vorliegenden Ausgabe habe ich versucht, der Handschrift so treu zu bleiben wie nur möglich. Was die Groß- und Kleinschreibung anbelangt, gilt folgender Grundsatz: Rote Initialen der Handschrift sind durch einen großen Buchstaben wiedergegeben. Sonstige einfache Initialen wurden nicht berücksichtigt, aber der heutigen Praxis entsprechend sind alle Eigennamen groß geschrieben. Die Interpunktion stammt zum größten Teil von Köhn, obwohl manches geändert worden ist. Wo Änderungen von Anderen übernommen worden sind, steht der Name des Betreffenden nach der handschriftlichen Lesung in Klammern im Apparat. Dabei verwende ich folgende Siglen:

G^1 – Grimm (Ausgabe)
G^2 – Grimm (Artikel)
H – Haupt
W – Wackernagel
Pf – Pfeiffer
Ho – Hofmann
S – Sprenger

B – von Bahder
M – Meier
K – Köhn
R – Roediger (bei Köhn)
Kr – von Kraus
(Für die betreffenden Werke siehe Bibliographie)

Um den Apparat nicht zu überlasten, sind alle anderen Bemer-
kungen und Erklärungen in den Anmerkungen nach den Ge-
dichten untergebracht.

VII. Bibliographie

Ausgaben:

Wilhelm Grimm: *Wernher vom Niederrhein*, Göttingen 1839.

Karl Köhn: *Die Gedichte des Wilden Mannes und Wernhers vom
Niederrhein (= Schriften zur Germanischen Philologie VI)*,
Berlin 1891.

besprochen von:

Albert Leitzmann: Archiv 88 (1892), S. 410–411.

Carl von Kraus: AfdA 19 (1893), S. 54–69.

Otto Behaghel: LB 15 (1894) S. 147–148.

Literatur:

Wilhelm Grimm: *Zu Wernher vom Niederrhein*, ZfdA 1 (1841),
S. 423–428, mit Beiträgen von Moriz Haupt und Wilhelm
Wackernagel.

Franz Pfeiffer: *Wernher vom Niederrhein und der Wilde Mann*,
Germania 1 (1856), S. 223–233.

Conrad Hofmann: *Zu Wernher vom Niederrhein und dem Wilden
Mann*, Germania 2 (1857), S. 439–440.

Robert Sprenger: *Über Wernher vom Niederrhein* in: *Beiträge zur
deutschen Philologie*, Halle 1880, S. 119–146.

Karl von Bahder: *Zu Wernher vom Niederrhein und dem Wilden
Mann*, Germania 30 (1885), S. 393–399.

XIV

John Meier: *Zum Wilden Mann und Wernher vom Niederrhein,*
PBB 15 (1891), S. 334–336.

Hans Eggers, in: Stammler-Langosch: *Die deutsche Literatur des
Mittelalters – Verfasserlexikon,* Berlin 1953, Band IV, Sp. 968
bis 977.

Peter F. Ganz: *Geistliche Dichtung des 12. Jahrhunderts* (=
Philologische Studien und Quellen), Berlin 1960, S. 59–76.

I. Dit ist Veronica (G 1, Hs 94 r)

Dat di wilde man gedichtet hat.
der heilige geist gab im den rat,
da alle duget anne geschit.
allein inkan er der buche nicht,
5 *inne* meistiret di godis craft,
di giveth di wischeit unde math.
so wer einir dûgede wilt biginnen,
he sal is an den heiligen geist gesinnen,
so machet he dat ende gut,
10 also werliche so he Moisese sterkete sinen mût,
inde wisende alliz, waz her sprach,
da er in *in* dem ẘre sach.
he leste oc Kidionis bete,
di luzel gudes durch in dete;
15 idoch so gab er ime di math,
dat er wider Philisteū vath.
her lerte den esel, dat er sprach,
vnd og dat er den engel sach.
maniger dûgende hat er me,
20 do er uppe Dauidin virze,
vnde virgab im sine missetath;
unde wiste Salome den rat,
daz he screif di wisheit allin sinen lif
– idoch he *hatte* me dan dusint wif –
25 vnd Austri machede wis unde riche
– irne mochte nit sin geliche –
vnde Susannen irloste   (G 2)
vnde Danielem getrosten
mit Abacuc/ges spise.   (Hs 94 v)
30 di musse her uns ouch giwisen,
di in disme enlende sint.

---

4. allen   5. iz
12. er in dem (G¹)   24. he me

noch irloste he dru kint,
di in den ovin sint gesatz.
her horthe ouch, daz in Ezechias bat,
35 durch den he di sûnnen dede sten
undi wider an den osten of gen,
do her ime vunfzien jar hatte gigeven,
damitte lengite ime sin leven.
he gab allen propheten di wisheit
40 unde Sibillen alliz, dat da giscriven stet.
doch inhatte he di minner nit,
sint alliz dit vunder ist geschit
mit siner manicvaldicheit.
di himel unde erde ummeveit,
45 des meres vlus bikennit he wale,
ouch weiz he der sterren zale.
wi wol ich im getruwen,
dat he mit mir *sulle* bûwen.
des wil ich an in gesinnen,
50 swan ich einir rede biginnen,
dat si gode ze love wolle kûmen
und aller cristenheide vrûme.
wi wol ich arme des bidarf,
wand ich nach idilkeide i warf.
55 wolde mich got so vile leren,
dat ich *einen* menschen moch/te bikeren,   (Hs 95 r)
so kond ich harte wol di bûch.
so weme do gnûget, di hat ginûch,
unde swer sich mit rechter mazse treget,
60 dem inwirt nicht widersagith,
wan got alliz mit der mazse vollebrate,   (G 3)
dat uns die propheten voresathen.
Du alle di prophetie vorequam,
du man von aniginne virnam,

---

44. da (G¹)   48. sulhe (K)
56. ein (K)

65 und die wissagen waren dot,
   ir sele hatten grosse not.
   ir e inmochten nit gevrûmen,
   e der godes *sun* wolde kûmen.
   do *was* der heilige geist *heimlich gisant,*
70 den ouch Daniel hatte bikant,
   da er Nabuchodonosor *irschein.*
   dat was die driechete stein,
   den er in sime slafhe gesach,
   unde dat groze bilde zebrach,
75 dem dat howet an den himel ginc.
   der stein al ertriche bivinc.
   dat was di wisheit undi gedanc,
   di von himile in ertriche spranc
   unde von der megide wart giborn,
80 zerlosene, di da waren virlorn.
   den hellen clage he virhorte,
   al unreith he zustorthe.
   di wil he in der / werlde ginc,   (Hs 95 v)
   vil maniger gnade von im inphinc.
85 di masilsutige machede he gesunt
   unde heilite, di da waren ẘnt,
   den doden teth he upstein,
   den blinden teth er sinde gen.
   ein wif hiez Veronica,
90 di wolgiti im durch live na.
   swan su sin antlizze an gesach,
   si vrowete sich allen den dach,
   want si zu im grozse minne druch.   (G 4)
   Lucase brachte sie ein duch;
95 si vleide beide unde bat,
   dat ir drane wurde gesat
   dat antlizze des heileres,

---

68. godes wolde (G¹)   69. do der heilige geist. heilich
71. den N, irchein (G¹)   [was ginant

4

„want du der meister einir biz
unde du in dicke hes gesin,
100 ich hoffen, dat mir *gnade* sul geschin.
du du mir scriven wolt,
ich wil dir immer wesen holt
unde lones dir mit minnen.“
„nu wil is biginnen“,
105 sprach di gude Lucas,
„ich scriwen dir, alse he hude was.
ich wene, *ich* i malnes bigunde,
e dene anderes geramen konde.“
Du screib he dat bilde also gût,
110 dat im irvrowide allin sinen mût. /
du wande he, daz is were   (Hs 96 r)
gelich dem heilere,
di alli di werlt het giscaffen,
beide leien undi phaffen,
115 Juden undi Sarraceni.
si ni mugen nit gelich sin,
iz ist alles undirscheden
alse di bome *von* der eiden;
*u*ngilich sten undi griz
120 undi der dich *undi* des meres *vliz.*
sunne undi mane inwart ni glich.
mirabilis deus, dat quid: got wnderlich.
die sterren gent unde hawent zale,
der sun weiz vil wale,
125 wan sin vatir gab im di wisheit,   (G 5)
du er von himile er in ertriche screit.
her Salomon quid, he sprunge blive
so we hin af *wolde scriwen,*

100/101. mir sul geschin. Gnade   107. ih'c (G¹)
           [du du (K)   108. de ene
118. vor (Pf)   119. wi gilich (B)
120. in (Pf), griez (Kr)   125. hinnaf vorder scriwe (K)

her indorthe nimmer girun.
130 dar umme inmochtes Lucas nit gedun.
idoch versuchten si sich,
of iz im were glich.
do gingen si in einir curcer stunden.
da si den heilant vunden,
135 da he sinen iungeren vore sprach.
unde alse en under den ougen sach,
du was sin ant/lizze verwant,   (Hs 96 v)
alse han nie hetthe irkant.
des ẘnderten si sich beide.
140 der vrowen wart du so leide,
alse izu solde virswinden.
si weisses iren sunden
unde clagite gode ir missetat.
„des sal werden gut rath“,
145 sprach der scrivende man.
einis andiren bildes er bigan.
di vrowe wenite unde screi,
wan iz arger was dan e.
unde als hed du dirde stunt gedede,
150 du virhorde got der vrowen bete,
unde alse *her si* ansach,
nu horet, wi unser heilant sprach:
„Lucas, du geis mir na
und dat guthe wif Veronica.
155 dine liste inmugen dir nit gevrůmen,
iz insule von miner helfe kůmen,
wan min antlize inwart ni bikant   (G 6)
wen alda, danne ich bin gesant
wan der overste wiset.
160 ouch ist *hez* den engelen ungireit,
albiz di mennische chennit den dot

---

131 doch (aber es ist Platz für ein   151. si her (K)
        [I gelassen (G¹)   160. he (K)

2 *

irlidet durch al der werlde not
undes tritten dages uf irsteit
undi virczethage in ertriche geit.
165   so werdent di glovigen irlost,
di himile sint mit ime getrost.
so wirt des mennischin kint gesazt /
zur zeswin in sins vatir stat.   (Hs 97 r)
dise rede is war undi sal gischin.
170   sint inmugen si mich nimmer mensche under in gesin.‟
unde als der godes sun heilant
der vrowen herze hadde bikant
undi war zu si guden willen druch,
her sprach: „gant heim undi nim din duch
175   undi ein luzil ymbiz machi mir,
noch hude kůmen ich zu dir.‟
Groze vrowede si inphinc,
ilinde da si heim ginc,
si rethi ir stule undi bethigiwant,
180   du quam der godis sun zu hant.
her hiz wazer undi bigundi sich twan,
unde alse he dit hatthe gidan,
he drugide sich an das duch,
daz su mit grozin vroden dare truch.
185   idoch inwas *hez* niet lanc,
undir ougen her ez dvanc.
di duehele daz antlizze inphinc,
gischaffen alse der gotis sun ginc.
unde alse der heilant si ane sach,   (G 7)
190   zume guten uibe dat her sprach:
„dit mach mir wol vesin glich!
hinnaf saltu werdin rich,
iz sal allin dinen vrunden vrůmen,
ouch sal dir zechin ave kůmen,

---

185. he (K)

195 alse man mich hie nimme / inmach gisin,   (Hs 97v)
dan aller erst sal iz gischin."
alse Jesus danne bigunde gan,
so streche an dem Jordan.
vil luthe ime na ginc,
200 alda he von sente Johanne di thovfe inphinc,
di in mit vorthen ane sach.
alda *got* von ime sprach
under *mennischen* allen:
„dit is min vil live sun, da ich mir wal *ane* givalle."
205 da wart di driveldicheit binant.
ein duve brachti *den* crisimen al zu hant,
daz was der heiligi geist.
di irwlthe di namin allir meist,
dat is alli di vrowede guunnen,
210 di der toufe hatten bigunnen.
in der wstinungen
loviten si got unde sungen
undi iliden uil balde
mit sente Johanne wider zu den walde.
215 unde alse her von dem Jordan
zu quertine bigunde gan,
da barch he sih aleine
uf einim hoen steine.
alda he virczich tage saz,
220 noch indranc noch inaz.
da ginc list wider liste,
want der tûvel nine wiste,
weder he got ob menschi were,   (G 8)
dat mudin also sere.
225 he saz i vast an sime gebethe.
do virsuchte in alse he vir Ewin dethe,
der he den sconin apil bot.

---

202. he (K)   203. meinen
204. aue (K)   206. dem (G¹)

he sprach: „nim disen / sten undi mache brot,   (Hs 98 r)
ob du godis sun bist."
230 du wande er in mit valiser list
undi mit vrasheide bikoren,
da mit der mennische wart virloren.
des antûurde im di wisheit,
he sprach: „du weiz wol was giscriven steit:
235 man insal nit aleine levin des brodis,
mer des godes *wortis* des uns not is."
hi mit was der tuvil giblant
unde hatten wirs dan e bikant.
Nu horet eine groze otmudicheit,
240 daz godis sun den tuvel reit.
zu Jerusalem he in ẘrde,
so he in mit ubile nine gerurthe.
unde alse in uffe den tempil hadde gisatz,
so virsuchte he in, also ẘr Eva gibat
245 heren Adamen, daz he daz obez az;
durch ir live her sich virgaz
unde bigunde sinin sepphere bikoren;
des wurden si beide virloren
unde us den paradyse virscalden.
250 der tuvel sprach: „*du* indarf dich nit halden
undi val hi nider mit diner list,
ob du godis *sun* bist.
Ich weiz wol, daz giscriven steit:
hi kûment di engile so gireit,
255 di dich so sampti vûrent,
dat dine vûze nit inrûrent /
dicheiner handi ungimach."   (G 9, Hs 98 v)
nu hore wi der godis sun sprach:
„iz is giscrivin: du bis virloren,
260 man insal sinin scepper nit bikorn,

236. wortisl   250. dir (G¹)
252. su (G¹)

man sal in immer lovin unde eren."
noch du vurthe er unsir herren
uffe den hosten berc, den he irgen vant.
di girheit zougite im zu hant,
265 damite he Adamen stach,
do he vil lugenliche sprach:
„uoltu wesen alsi got,
so saltu zubrachin sin gibot,
so mugit ir im gilichen."
270 da mit wandin sich di armin girichen
unde virluren di ewiliche wunne,
si und al ir kunne.
Alsus gruz her *des* mennischin kint,
he sprac: „sich dise lant, di scone sint,
275 dit geven ich dir, woltu an mich iehen,
und alliz, dat du math over sehen,
so inmac dir nit gilichen.
bede mich an, ich mache dich riche."
di nie sunden bigan,
280 dem tuvele he antwrten bigan:
„uaz solde mir dine richeit?
du weist wol, wat da giscriven steit,
dat allir erste, dat is din val,
dat man nimann/en anne betin insal   (Hs 99 r)
285 uene got unsin herren,
allir dinge sceppere.
uar hin," sprach er, „Sathanas,
aldar du giwirket has,
uider in din arbeit."
290 du quamen di engile do bireit,
von himile eine grozi scare,   (G 10)
si dinden irme herren undi namen sin ware.
Vant der duvil so danne was giwant,

---

270. wandin si sich (G¹)   273. dem (K)
284. und dat (K)

dat he sin nit hatti irkant,
295 vi gerne her drumbe dethe,
wi hen zum dode brechte.
an Judase virsuchti he *iz* zu hant,
da he di losheit anne uant,
unde giriet, daz he sines meistires virlouchte
300 unde in umbe drizich peninge virkoufte.
damit vurden di iuden givalt
unde vurden sint ouch also virsalt.
he riet ouch, daz man godis sun vinc,
alda die passio ane ginc.
305 mit uvile si in rurthen,
want si in mit gelpe ûurchten.
di giloubigin volgiten ime unvro
al zu monte Syon.
umme eine sul si in bunden,
310 mit geislen si in vunthen.
ui sere si in slugen,
eine / durne cronen si im zu drugen,   (Hs 99 v)
undi als su im up dat hobit wart gisazt,
daz bizechint daz:
315 vi ein lamp einnen mennischin irloste.
do her Abraham up einime roste
sin kint hatti gibunden unde wol iz slan,
der engel sprach: ,,nu laz stan!
got inkennit dine mildicheit.
320 sich hi, wo ein widir steit
geworen under disen dornen
mit sinen krumin hornen.‘‘
des vrowede sich her Abraam.
sin kint, dat he izu solde slan,
325 deme half he nider und begreif den wider   (G 11)
und ofperde den, got lovede he sider.
daz lamp dat warf her in den rost,

---

297. in (**K**)   324. si (**G¹**)

damit warth sin kint irlost.
der bendel wart ouch da virbrant.
330 den godis sun namin si bi der hant,
lucwrthe si uf in daten,
vor Pilatum si in brachten
unde bigunden alle ovir in clagen,
do iz allir erst bigunde tagen.
335 do he vor ime wart virzalt,
do wart der tuvil allir erst givalt,
he beruo sich, daz hes ie gerv̆ch, /
want godis sun dat cruce druch   (Hs 100r)
swigindi, alse dat lamp deit,
340 dat nit inrûfit, so man iz sleit.
sin cruce stiz her in den stein,
daz he *wart* von vorthin alze kein.
dar an *negilten* si den heilant,
der uns zu troste wart gisant.
345 an deme cruce he den sigen nam,
den gilovigen he zu troste quam.
dat hadthe ouch der prophete vorgisait.
einen spongen bant man an einen schaft,
da inne was eczech unde gallen,
350 garzt was iz bitalle.
do der godis sun daz aue gidranc,
daz bizechinde er Adamis gidanc,
do ime daz wib den appel gab.
in sinen hals ginc im dat saf,
355 den boum streichide he mit der hant,
want he di rinden sûze vant.
so si den vicboum hadthe zubrochen,
dat wart an dem godis sune givrochen,
do man im di nagile durch die hende slûch.   (G 12)
360 damite irvalthe he den vlûch,

---

342. he von   343. negiten (G¹)
344. den (G¹)

di in dem paradysi giscah,
do der mennischi godis gibot zubrach.
de erste, di da wart irlost,
di givit uns einen / guden trost. (Hs 100 v)
365 Dismas was he ginant.
do got sinen ruwen hadthi bikant
unde he im clagithi sine not,
he sprach: „herre, ich bin von rechtin suldin dot,
du ingildes dinir gude
370 durch dine othmude.
nu musis du min armin
in dines vatir riche irbarmin.‟
undi alsi he sine bighit hadthi gitan,
do bigundin si *in* mit kolvin slan,
375 di bein brachin *si* im zu hant.
do wart der sechir vor gisant,
zů der helle brachte he den trost.
he sprach: „ir werdet izzů irlost.
ich liez in an dem cruce stan,
380 de mir gnade heth gitan.‟
noch so were der viende schal,
albiz he sente Johanni sine muter bival;
uil sere wenithe si ir kint.
daz sper brachte ein iude blint,
385 da mit her unsir herren stach.
he wart giloubich undi sach;
dat blut he an di ougen strech.
du virschit godis sun unde wart bleich.
sin gotheit zu der helle quam,
390 di sine he da us nam,
want he den ersten lon inphinc.
do he in daz paradys ginc,
du stunt / der engil in siner giwere, (G 13, Hs 101 r)

---

374. im (K)   375. brachin im (G¹)

he sprach: „mich dunket, dat du mich *suches mit here.*"
395 undi alse he im dat cruce gibot,
do giengin si in sunder not,
vont he dat recht urkundi gisach.
sint ruweden si undi hadten gimach.
her Joseph unde her Nychodemus,
400 si giengen zu heren Pylatis hus,
– mit vorthen si dat dathen –
dat si den urlob bathin
„vnme Jesus corpus, dat da steit,
want iz izo an den ovint *geit.*
405 he steit uns lestirliche da,
want, her, unsi huchizide is na."
unde alse he in den urlof gaf,
zv hant so machtin si dat grab.
wi sampfti si in avi hubin,
410 wi scire si in bigruvin.
einin grossin stein si up in latthin,
den si vil kůme dare brachtin.
do giengen di iuden in einin rat,
si sprachin: „noch wiszit ir wale, dat Jesus hat
415 dicke gisprochin undi sich virmaz,
undir sinen iungiren da he saz,
he solde sterben undi irstan
undi virczic dage in der werlde gan,
so wolder dan/*zu himile* waren.   (Hs 101 v)
420 iz ist gut, daz wir uns biwaren,
dat uns e nie zuge
– sine iungeren kůnnin *gidenken* me.
ovch han ich vil dar umbe gidath,
si mugin in stelen in der nath

---

394. mit here suches (K)   400. zu her heren (G¹)
404. gent (G¹)   419. dan/himile he dan zu waren
422. gidenke (K)   [(G¹)
423. ocvch (G¹)

425 unde sagint, dat he irstanden si.
  unsi hude havin wir da bi.''
  du wnnen si in ir ahten   (G 14)
  ridder, di si dar lathen,
  beide dump unde *wise,*
430 si waren giwapint *alle in isen.*
  da huthen si di zva nath.
  du quam ein engil mit grozser math
  in vreislichimi gidene
  unde liflich an zu sinne,
435 daz hovit branth ime als ein glût.
  di gine, di daz graf hadtin bihůth,
  si lagen in grozsen sorgen
  undi hedtin sich gerne giborgen.
  du der engel den grossen stein zubrach
440 – he warp in avi mit einir hant –
  di erde irbiuede durch not;
  si lagen alse si weren dot.
  Dů irstunt der godis sun bi der nath,
  alse he do bivore hadti gidath.
445 daz sahen, di dit sagen,
  des mothen si sich sint gibagen, /
  do giengen si predigen in der stat.   (Hs 102r)
  unde wi sich der engel hadthe gisat,
  do quamen zwa Marien
450 undi bigunden sere scrien.
  di eine hiz Magdale,
  er volgiti vir Salome,
  eine indorthe dar nirgin kumin bi,
  idoch so scrivit man ir dri.
455 si brachten salvin undi krut.
  du sprach der engil ovirlud

---

429. wis (G¹)   430 als ein his (G¹)
453. hene dorthe

uider gine, *di in* gegrutin,
vat si da suchten.
si sprachin: „Jesum von Nazaran,
460 vir hoffin, dat he sul irstein,
di wart gicrucigit unde bigravin.   (G 15)
wat heth den grozin sten ub gihavin?"
du sprach der engil: „iz ist gischin,
nu geit her nahir, *dat* ir mugit sin,
465 hi vindet ir urkunde gnůch:
dit is di grab undi ovch dat duch,
di vor sin ougen vuas *gidath*,
du he undir disen steinen was *gilath*."
vrolichi schiden si von ein.
470 sente Marien Magdalenin he irschein,
der godis sun, dat he wider si sprach,
dat si in ouch vleisliche gesach,
alse da bivor hadthi gidan.
he hiz si us der stat gen
475 da hin zu monte Syon.
„mine iungiren saltu machin vro
undi sagi in, dat ich irstandin si,
unde troste ouch Petrum / da bi,   (Hs 102 v)
da her ligit mit sorgen
480 in Galilea giborgen."
der iungiren ouch da nie inwas
Lucas undi Cleophas.
si schuden sich widher morgen
undi strichen uz mit sorgen.
485 si hadden angest undi wan,
ob der godis sun soldi irstan.
mit handin si sich bivingen,
zu Emaus si gingen.
ein iglich den anderen bat,

---

457. gine gegrutin (Kr)   464. nahir ir (K)
467. gilath (G¹)   468. undi du (K), gidath (G¹)

490 *albiz si quemen an di stat,*
    dat he im von gode sehte,
    unde hidelcheit niet indethin.
    der godis sun, he ginc in na,
    he sprach: „herren, was ist u so ga?
495 muste ich uwir giverthi sin?"
    do ginc he als ein philgrin.   (G 16)
    he vrogiti si umme mere
    mit *hoflichem* gibere,
    dat si des vrovde inphingen,
500 also ruwich so si gingen.
    si sprachin: „ir schit wale, dat wir ruwich gen,
    iach kûmit ir ouch von Jerusalem,
    di selwe mere hort ir sagen:
    di zu Jerusalem warth gislagen
505 an dat cruce sunder scolt
    – di iuden inwarin im nicht holt –
    nu ligit he dri tage bigrabin,
    alse hude solde he sich han irhavin.
    iz inwart nie nit so gudis,
510 wan ob he irstanden is,
    so is alle di prophetie vollekûmen,
    di wir von alder han virnûmen."
    der godis sun predichede in ouch gnuch
    uzse Moysesis buch,
515 allis, dat zu der christin/heidi traf.   (Hs 103r)
    wi guden trost he in gab.
    si inmochtin sin nieth virdrisen,
    van si in nieth inlisen
    undi badin in mit in zu *herberge* gan
520 undi alsolich imbiz mit inphan.
    als in got virluwe,
    dat teiltin si im mit truwin,

---

490. Zeile fehlt in der Hs (K)   498. hoslichen (G¹)
518. van in si in (K)   519. herbege (K)

beide brot undi win.
du volgiti in der pilgrin.
525 mit minnen si in lathen,
zussen si zuene si in sathen,
dat brot lathen si im uf den schos:
do wart iz driwerbe also groz,
alse hes gisennede und zubrach.
530 ir neweder niet me in sit gisach.　　　　　　　　(G 17)
unde alse he was giwon,
Lucas greif im mit der hand na.
„we nu,“ sprach he, „Cleophas,
war quam der man, di hi was?
535 owi dat wir sin nith inkanthen!
is was godis sun, der ist instanden,
he ginc mit uns allin disen dach.
di suzen wort he uns vor sprach,
di sul wir mirken beide,
540 want mir nie gischach so leide,
doch ist mir liue da bi,
ich offin ob scriven, dat he instandin si.“
danne vûr he zu den sinen,
sinen iungiren wolde he irschinen,
545 da si inne bislossen *sazen.*
he inbath sich niman in lassen.
mit einim vride quam he undir si.
he sprach: „trost u; ich uas u / bi,　　　　　　(Hs 103 v)
alleine insiht ir min niet.
550 ich ezse gerne, had ir id.“
do saztin si in ubir einen *disch,*
du az he honich *unde wisch.*
daz namin si vaste in irn sin.
her Thomas inwas da nit bi in.
555 vnde so schire so Thomas widir quam

---

545. wa (G¹)　　　　　　　　551. dich (G¹)
552. he he honich wich (Pf)

unde he do mere virnam,
dat si godis sun hadte gisin,
he sprach: „iz inmach nimmer gischin,
ich sach in so stechen undi slan.
560 ich inkumes nimmer an den wan
unde inwil uch nimmer mide *gin,*
e ich di selve wnden sin,
da in hin di blinde iude stach."
dar nach ovir vnmanigin dach   (G 18)
565 bigunde der godis sun undir *si* gan,
alse he hadde gitan,
vnde alse he „pax uobis" gisprach,
Thomas in da ansach,
di sin da bivor lonede.
570 sine wnden he ime zonethe
vnde liez sich tasden *mit* der hant.
di wnden bludich he bivant,
alse he do vor hadti gisin.
he inphinc gnadi upe sinen knien,
575 he sprach: „min glouve is nu merre,
du biz min godis herre!
din gnedichet had mich wol bidath,
dat du / mich glovuich has brath."   (Hs 104r)
dat god sinen iungeren had *bihuth,*
580 daz *ist* uns sunderen guth.
he sprach: „Thomas, du salt selich sin,
michil seliger di holden min,
di glovuint undi mich nine gisahen.
hinnaf sulin si sich bagin
585 unde sterchen di rechti warheit,
won mins vadir *riche* ist in bireith."
des gisinnit ouch der wilde man,

---

561. giuen (K)   565. undir gan (G¹)
571. micht (G¹)   579. me suth (K)
580. daz uns (G¹)   586. vadir ist (Pf)

want he der rede also bigan.
iz *givith* der cristinheide math
590 unde het di iuden nidir gilath.
iz ist reth, dat man vor ine bede,
so was he ie vvilis gidede,
dat iz got virgeszen wille
undi sin harscare gistille.
595 got inmûzis nit virdrisen,
siner vfferde wir ginissen.
dar zu he sine vil live muder nam,
do he mit sinin iungiren quam   (G 19)
zv einin bergi, di oley truch.
600 der gilovigen was da gnûch
inde si wolden warthin vndi sin,
wanne dat wndir soldi gischin.
dat pater noster he in screb,
dat was der trost, di in do bleib.
605 he sprach: „her an sult ir uch gihalden.
ir sult ouch nit ir/balden: (Hs 104 v)
zehin dage solt ir uch bireiden,
so senden ich uch einin leiden,
der sal dicke mit w wanen
610 unde sal uch allis des irmanen,
dat ich ie wider uch gisprach.“
dat was der iungiste dach,
dat got zu himile wolde waren.
in der luft bigundi sich di engile scharen.
615 Du der gotdis sun ub zu himile screit,
bit im vurde he di otmudicheit,
da he di stolzeit mit virwan.
dit gisahen galileisse man.
„viri Galilei,
620 quid ammiramini?

---

589. givich (K)

3 Standring, Die Gedichte

wes wndert uch," sprach di stimme,
„dat duse godis gimme
zu uwir gisithe zu himile vvert,
di alli gilovigin gineret?
625 alsus so sal he wider kûmin,
al den seligin zu vrûmen."
di engile in inphingin,
sine iungiren danne gingin
mit michilen sorgen.   (G 20)
630 da si avi sazsen giborgen,
vnsi live vrowi ginc undir si;
si trosti si undi saz in bi
vndi sagiden tugindin gnuch,
wir ir was, du si / unsin herren druch,   (Hs 105 r)
635 vnde von ir leven, du si in inphinc,
unde von dem wege, du si zu ir nichtin ginc:
dat was kume ein halvi mile.
hi mit kurcede si in di wile,
albiz iz quam an den zihinden dach,
640 als in got selve ouch vor sprach.
ein michil vur quam undir si,
der heiligeist was ouch da bi,
di in das herze inprande,
daz iwilich irkande,
645 dat di vorthi an im irstarf.
sente Petir uf di porten warf.
irris giloven si bigunden,
des *si* e des nine kunden.
si invortthen swert ioch den dot.
650 alsus irloste got von der not
sine liue knecte.
do predicten si dat rechten.
der same, di du warth giseth,

---

648. des e (Pf)

di wirt zumi iungisten dage gimeit.
655 di *ungilovigen* sal man wirdeilen,
di glovuigin zu heilin.
mit den gilovigen muze wir wesen,
dat wir zun ewen ginesen.
in goddis namin „amen"
660 sprechit alli samen.

---

655. ungilovgigen

3 *

II. Vespasianus

Ein wnder zu Rome *giscach*   (G 21, Hs 105v)
ovir zwein undi vierzich iaren undi ein dach
an einimi kůningi wil giher,
Vespasianus hiz her.
5   Titus was sin sun ginant,
di virweldigiti alli di lant,
dat si im warin undirtan.
wat *half* in, daz si mochten han
scazzis vil undi gnuch ?
10   der aldi kůnic eine suchede druch
an sime annesůnne,
vreislich an zu sinne.
di wespen eme in deme hovethi zugin,
dat si alsi dicke ůz vlugen,
15   alsi du bie van den inben deit.
dat was ein michil iamurkeit:
im inhalb schaz noch lant,
want he nicheinen arzet vant,
di sich des underwnde,
20   dat he in giheilin kunde.
so michil was sin ungimach,
dat man ime durch sin ovith sach:
iz was alliz abi vressen.
got inhatti sin wirgessen.
25   do quam ein israhelis man.
Titus den zu ime *guan,*
unde liezs in sinin vathir sin:
ime solde gut von im gischin.
unde alse he den vreisen gisach,   (G 22)
30   zume kůnige he gutliche sprach:

---

1. giscas	2. vor
3. von (K)	8. haf (G[1])
26. guam (K)	

„zu Jerusalem geit ein man,
der dit / wol gibussen kan.   (Hs 106 r)
den heissit man Jesum, godis kint.
di heileit alli, di da sint:
35 he *inis* nit so sere wnt,
von sinin worthen werde he gisunt.
mochtis du dich bireiden,
ovir mere wol ich dich leiden.
gezogistu im din othmut,
40 vil scire were dir gibût."
Der kunic sufzin bigan,
he sprach: „nu sistu wol, dat ich inkan.
hi vore had ich grozse craft,
nu inhav ich leider di math,
45 daz ich iz vollibrethe,
wi gerne ich iz gidechte."
he sprac: „libe sun, was ist din rat
umbe dat uns dirre man gisagit hat?
ob du dich huves uvir mere
50 unde nemis mit dir ein michil here,
dar zu siluir unde golt,
so vile so dus hauin wolt,
undi brenge mir den guthin man.
ob he mir gihelfin kan,
55 ich givin ime, math du sagin,
wat ein kiel goldis mac gitragin
undi dar zu min hulde,
dat ich iz *umbe* in wil virschuldin."
Der sun sich schire biriet,
60 he strevede wider / den wadir nit.   (Hs 106 v)
he his ime kile reiden,
he inwolde nit langer beithin.
uuir mere uf he sich zehant mit grozir math   (G 23)
unde ouch ginir, di im hadti gisath,

---

35. in (H)   58. imber (H)

65 wa he den heilant wnde,
   wan he hatthi sin keine kunde.
   vil schire quamen si an daz lant,
   daz is noch Syrie ginant.
   du ilenden si zu Jerusalem
70 beide ridende unde gen.
   du vragithe umbe sinis watir not.
   du was der godis *sun* lange dot
   undi uf zu himile givarin.
   sint suchte he in mit grossir schare.
75 dů vragithe umbe di gilaginit,
   wi der godis sun den esel reith,
   undi umbe alli di zeichen, di he haddi gidan.
   di glovigin bigundin zu ime gan
   undi sagithin, wi im *giscach*
80 unde wi he wider sinin iungiren sprach.
   dit teth he allis scriven.
   do redeti man von *dem* wibe:
   dat wart vil schire mere,
   wi godis antlize da were.
85 des vrowithin sich des kuninges man.
   di vrowin man vor in gvan,
   di is lange hadthi mit sorgen
   vor den iuden virborgen.
   der kuninc si do gruthi,
90 want he gnade suchte,
   he sprach: „vrowe, got / můse ẘ biwarin!   (Hs 107 r)
   ich bin verre her givarin.
   umbe Jesum bin ich us kůmen,
   den hant di iuden mir binůmin.
95 kumin ich zu lande,
   ich recchin sinen anden.
   undi sal mir ummir gůt von im gischin,   (G 24)

---

72. godis lange (G¹)   82. den (K)
79. giscas   97. undir (Kr)

so lazseth mich den duch sin,
da dat godis antlize ane steit.
100 ich gen uch wider iz bireit.
of ir mir *iz* willit lien,
irn durf ez niet virzihen.
wirt *minem* vadir da mide buz,
iz ist der *cristinheide* gut,
105 so wil ich dan her wider waren
mit *einir* romiscen scharen:
di unglovigin wil ich bikeren
undi di cristinheit gemeren,
di iuden virsenden
110 undi si sere schenden,
alsze si den godis sun hant virdan,
mus ich den lif gesunt han."
Di vrowe den kunig ane sach,
want he von dir cristinheide sprach.
115 mit *suzlichin* grusen
si knide vor sine ẘzze,
si sprach: „herre, den duch han ich bihalden.
wi suziliche ist he givaldet!
ich inliez nit dur sicherkeit,
120 da godis antlize annesteit,
noch durch dikeine mide,
di mir iman gibide: —
iz ist min vroude unde min trost,
da / wirt manig man irlost,   (Hs 107 v)
125 alse der godis sun selve widir mich sprach,
do *hez* mir bival unde *ich* in leist sach."
do sine kunden
an dir vrowen vinden,

---

101. mir willit (G¹)   106. einin (K)
103. minen (G¹)   115. suzlichir (K)
104. cristiheide (K)   126. he, unde in (G¹)

dat su in dat duch luwe,
130 da badin si durch truwe,
dat su wolde varen uvir se   (G 25)
unde neme mit ir vrowen me,
di si da hethin in huden.
des bigunde der kunich muden,
135 he sprach: „iz das min wille irgeit,
so gevin ich u mine sicherkeit."
dat inphinc di vrowe mit sinir hant,
want si sine truwe hatthe bikant.
do si den willin gvan,
140 du vrowide sich manig romes man.
drû kammerwib si zu ir nam,
du si mit irme duche quam.
vndi alsi di vrowe was gireit,
der kûnic langir nit inbeit.
145 du ilethen si zu den kilen,
da di unden ani vilen.
si hatden alliz des gnuch,
des ie kil gedruch:
da inne hatdin si alle ir giswasheit.
150 den vrowen was ein gadin gireit
da hindine bime sture;
niet inwas in dure.
Vppe *dem* mere bigunden si vlizzen,
Kyperen bigundin si lazzen
155 zu der zeswin hant
undi sigil/den umbe Krichenlant.   (Hs 108 r)
tuschen Messen unde Volkan
bigunden si di kile lan,
vor Sicilien unde Kalabrien lant.
160 got hadde si schire dar gisant,
alda di Tivere in dat mere geit unde vloz.
vrowede unde horen gidoz

---

153. den (K)

hadden si uppe deme lande,
want man wal inkante
165 di romischin zirheit. (G 26)
do quamen ros vil gimeit,
so vil si ir bidorthen,
won si den kunic vorthen.
du quam zu Rome mere,
170 wi Titus kumen were,
di iungi kunic herlich.
di wrsten saminthin sich
vndi inphingen in mit schalle.
du gruzte he si alle.
175 di vrowen zonede mit der hant,
alda he sinin vadir vant,
da he up *sinim* bede lach,
noch he inhorthe noch insach.
si sprachin, iz were sime hende na.
180 do sprach vuir Veronica:
„godis antlizze han ich dir bracht.
ob du dich vor has bidath,
mith otmude saltus inphan.
woltus gilovin han,
185 dat he manigin hat giheilit,
vndi wirt dir sin gnadi mit gideilit,
so wrt du selich giborn: /
god had dich dan zu vrundi irkorn." (Hs 108 v)
dir kunich sich ub richte,
190 zu hant wart ime lichte.
di vrowe intloch im den duch:
di wrme, di he e des druch,
si vilen im ub den vûz,
des grozen vvilis wart im bûz.
195 vnde *do* he daz antlizze undir sin ougen gitwanc,

---

177. sinin (K)   195. vnde he
186. mit dir gideilit (G¹)

he wart gisunt vnde spranch
gehile in den giberen,
alse he driezzichiarich were.
Do quam zu Rome mere,   (G 27)
200 wi der kunic giheilit were
der grozir suchide, di he druch.
di vrowe gihilt avir iren duch.
vil volchis woldi si ane bethin.
si bigunde up hor treden,
205 si sprach: „in wil iz nimmer lon inphan,
danc iz gode, di iz hat gitan,
di durch di sunder in di werlt quam
undi an dir magide vleiz nam
vndi wart giborn ane sunde
210 undi guan unsir nature kunden;
den di iuden hant gimartilot,
unde an dem cruce leit den dot
vnd des tritden dagis ub irstunt,
du he di alden vehede hadde uersunt, /
215 vndi des vircigis dagis ub zu himile *schreit.*   (Hs 109 r)
noch ist he allin den bireit,
di gnadin an in gisinnit
undi des mit othmude biginnit.
dat is hinner, di dir gnadi hat gitan.
220 nu musis dir nach heile irgan!“
der kunich got lovin bigan,
he sprach: „nu radit vrunt undi man,
heizzit mir saminin zva scharen,
mit mime sune wil ich ovir mere varen:
225 dat di iuden mit Jesus hant bigan,
dat sal in an ir levin gan,
ob mich leizit der dot.“
iz was gitan, dat he gibot.
der kunic was schire gireit,

-----

215. scrheit (G¹)

230   he hub sich uvir dat mere breit.
      sin here was mir vil wale kunt:
      des was druzien dusunt
      vndi drv hundirt unde zvene undi driezich man.   (G 28)
      vnde alse he in daz lant quam,
235   di iuden bigunden vor vlien.
      da mochte man manichin vanin sehin
      vor zvein romischen heren
      also gidilichi varen.
      Der kunic so zu Jerusalem reit,
240   dat niman widir instreit.
      di burch he so langi bisaz,/
      biz ein wib ir kint az: (Hs 109 v)
      du was die prophecie volgangen.
      mit evenhoe undi mit mangen,
245   so brachin si di muren,
      sine mochtin nicht langir dûren.
      di iuden vinc he mith der hant,
      di uidiwe ninit des ingalt;
      di hus, di hiz he nider slan,
250   der vrowen erue liz man stan.
      si brachin si in den grunt
      unde kerden ub den fundamunt.
      sin zorn so up di iuden draf,
      dat man ir drizic umbe ein hei gaf.
255   zien gislethe man ir virsante,
      di quamin zu einime gibirge zu lande;
      di andirin vurdin virleidit
      undi ovir alli di werlt verscheredit,
      so dat si nimmer inguunnen math.
260   dat hadde ouch der propheta vorsath:
      ,,Alse der kunic von der megide wirt giborn,
      so is alli iudiz riche virloren."
      des vvnden si urkunde gnûc,
      bisehin si di aldin buch,

265 so solden si si wol birichtin,
     dat ich di warheit dichten.
     so wilichir nur stirvit, di is uirloren,   (G 29)
     is insi, den got had irkoren,
     di des dumisdagis irbeidit,
270 alsi Endicrist di werlt vir/leidit   (Hs 110r)
     vnd des tuviles willin bigeit
     vnde Enoch und Helyam irsleit.
     di iuden, di dan levinde sint,
     di werdint alli godis kint.
275 so ilint si zu dovfen,
     deme duvile willint si intlofin
     vndi bikennint di rechtin warheit,
     dat si ir hirthe het inleit.

III. Van der Girheit

Der heilich engil birichti minen sin,　　　　　　　(G 30)
want ich ein brodich mennischi bin,
vndi *word,* dat ich dithen,
5　*dats ich zesamne* birichte,
want iz ist bezzir dan ein leg,
iz machit harde herze weich,
dat sich wider hat gode gisazt.
nu hort, wat sente Paulus bat,
10
dat got sin herze muste biweichen.
dar umbe sagin ich v von deme leiche,
dat is niman mit spothe verste,
hene mirche, war duse rede ge.
15　alse *ist* des spothers stedicheit
alse de rife, di da zugeit,
di indar der sunnen nit gibeiden.
nv wil ich uch warnen undi bireiden,
wi ir mugit ginesen undi sterben
20　undi ginesinde godis hulde irwerbin.
Van der girheit wil ich uch kunden,
si gilichit des meris unden,
di der mennischi bigeit,
alse / der wint dat meren det.　　　　　　　(Hs 110 v)
25　he deit dat mere disen
undi alli wazzer dar in vlizen.
iz inmach uan der erden
nimmer giwllit werden
biz an den iungisten dach.
30　undi als iz nit wrder inmach,
diz ẘr sal iz versuenden,
da midi sal *sin* quali endin.　　　　　　　(G 31)

---

3. worden　　　　　　　15. alse des (G¹)
4. dat sich gezswe　　　32. si (G¹)

undi alsi di sunne und der mani sin lon inpheit
vndes gyres manis dot insteit,
35 den hi niman irwllin inmach,
danne insit he nimmer dach.
alli gnadi wirt im dŭre,
da di vurme levint in *dem* vŭre.
da sturbe he gerne vndi is doc dot;
40 ummir sal he liden not.
da burnit dat fur ane lith.
wi is *dem* armen dan gischit,
di hi *sinim* vleische so virhengit,
albiz iz hin in dat vinsternisse brengit.
45 eys, wat sal deme manne me,
dan dat he sich mit erin bige
unde minne gidult und othmud
undi lasze den armin ir gut?
so is he wol *giwerit*
50 undi het sich wol ginerit,
he indarf nit in den winkel vlin,
da der gyr inmach nit gisin.
Der heilige geist mŭzse uns leren,
dat wir unse gimude keren
55 von / dem vreislichin dode,   (Hs 111 r)
dat wir doch dun so node
von der unselger gyrheit,
want si di sele bidalle irsleit,
want sich niman vor ir inhudit.
60 si ginith alse der hunt, di da ẘdit.
si is wirgifnusse und ein vreise;
iz *ist* reit, dat *allir dir* werlint von ir heisit,
want mit ir *ist* al di werlt gitrost.

---

34. vnde
35. irwliin (K)
38. den (K)
42. den (G¹)

43. sinin (G¹)
49. giheruit (Pf)
62. iz reit (W), alli di (G²)
63. ir al (K)

he wenit, dat he suli werdin gilost,
65 want he durch minnir sculde   (G 32)
uirloz sinis scheperis hulde.
di girde vûdit di stolzheit,
sine vriet dikeine barmherzikeit.
deme gyre inwirt ovch nimmer gnuge,
70 ob *man* im di verlt zv truge
mit summiren gimezzen;
dar umbe hat got der gyrheide uirgezsen.
wat halp Jugurthe sin grozser *scaz*
unde manig swaz,
75 den he zusamme brachte
undi nit der sele gidathe?
he hadden liuer dan den dot:
des hadden di Romere uren spot,
want si inwrden ime nimmer holt.
80 sint wart ime dat rode golt
also glundit in den buch gigozzin:
dat hadde he der girheide ginozzin.
Der gir inmach der armen
durch got niet / irbarmin.   (Hs 111 v)
85 den da hungirt undi vrvsit,
sine varwe he virlusit.
deme armin inis nimmer so we,
der gyrge indenke, uui ime des gudis werde me
vndi wi he des biginne,
90 dat he sinis nachebures erve guinne
mit vûkire vndi mit luchurkunde.
dat *ervet* sunde,
dat dir nimmer buzse vvidersteit,
want di iz bi cide uuiderdeit.
95 wirt auir im di dûre undirgangen,
so ist he mit einime striche giwangen,

---

70. ob im   92. erve
73. want (G¹), saz (K)

so denkit der gyrge in sinim mude: (G 33)
100   ,,du salt dich wole losin mit dinime gude;
du salt gevin zu cassen und zu clusen
vndi zu andiren godis husen;
du salt mit dinir vvishede gidichtin
unde ein munster dun wirken,
105   do man vor dich bede biz an di nune.''
da mide wenith he machen sune;
vndi alsi alliz gischit,
so inhilpit iz widir di girde niet.
so denket he: ,,du salt iz andirswa insparin;
110   dv salt zu / sente Jacobe warin   (Hs 112r)
mit dinir schirpen undi mit dime staue
unde vort zume heligin grave.
wirdis dv wnden ubme se,
du kummis nimmer in helle me.''
115   vndi ob ime des got virhengit,
dat he sin oppir dare bringit,
dat he dicke mit unrechte gwan
an manichem armen, di iz ime v̂uile gan,
dat ophir is godi also mere,
120   alse ylichin menschin were,
dat man ime sinin sun sluge
und ime vortruge,
da he zu einir *wirtschefte* were gisezzen,
unde spreche: ,,dit salthu ezzen''.
125   Vildir horen vonme dorne,
di so sere stichit vorne?
so weme he kummit in sinen ẘz,
im inwirt des wewen nimmer bůz,
he sal iz lange smerzin havin,
130   he ni werdi ime mit einir sulen *uzgigrabin*.
di nimmer inwirt upgitan:
he sal iz argir dan der tvuil han.

———————

123. wirscheffe (K)   130. uzgibragin (G¹)

so sal he in wirdelen,
so biginnit der ẘz heilin;
di wile he des nit hinhet gitan,   (G 34)
so mûz he hinkindi gan.
135 di sule bizechint den smerzen,
den der mensche het in sime herzen, /
dat he node bisteit.   (Hs 112v)
alse he sinin wochir widerdeit
a vndi alsi im got sendit in sinin mut,
b dat he den armin widirdut,
so is der vuz giheilit;
140 *alsi* he den dorn virdeilit,
so virsment im alli gut,
so iz der selen gibut.
nv mirket, wi sente Matheo *gischach,*
di den dorn rechti bisach.
145 he was ein harthe riche man,
doch hez mit wochere nit inguan:
he hadde wessel undi zol,
allir werlde vûnne was he vol.
zu der richede druch he zorn,
150 so sere vorte he den dorn,
ob he in gesteche,
dat is got an ime reche.
der gyrheide wart he irbolgin,
gode bigunde he *volgen*
155 vndi liz vib undi kint
– wi selzene di nu sint –
dar zu siluir unde golt.
he wart im sint so holt,
dat he *in* zo in sinen rat,
160 want he vonmi dorne giscriwen hat.
Di wilde man, di dit *dihtet,*
de is selue harde unbirichtit.

140. unsi 143. gischaz 154. volge (K)   159. he zo (G¹) 161. diteht (G¹)

so wi iz idoch im irge,
ich wene, he ummer gese
165 vndir di scharpen dorne,   (G 35)
al hat he bit zorne
har/the lange gilevit.   (Hs 113 r)
is ist ouch recht, di wider gode strevit,
dat he nimmer sichir inge
170 undi dat der hagil sin korn sle
vndi howisspringi ezzen, dat da bliue,
undi dat da nimmer same bilive.
vndi so wen di suze erde versment,
is ist allis doth, dat he seet.
175 Vildir horin van des richin mannis gardin,
da man der suzzer vruthe inne solde varthen,
da der dif in biginnit gan,
wi man deme sal widerstan?
ob he vride wilt havin,
180 so sal man vvirken einin gravin,
da diz wazir alumbe ste,
dat niman geheliche ovir ge.
dir grave bizechenit den richin man,
dem got der selichedi gan,
185 der di stolzheit irslet
undi othmude in sin herze net
undi weinit sine sunde
undi willint si *sime* prister *kunden*
undi in sime rade bistan,
190 wil he giware rvven han.
dat wazir, dat in deme gravin stat,
dat is dat von dem herzen zů den ougen gat.
noch dan inhat hes nit vollidan:
he sal / einin zvn ub den gravin slan   (Hs 113v)
195 mit manigvoldigin stechin
undi sal in vil vaste machin,

---

188. sine (K), kunditt (K)

dat da niman ovir climmin inmuge.
di wile dat der man duge,
so ge he zu godis diniste gerne   (G 36)
200 undi si, *dat* he dat lerne,
dat he sin alimuse geve
undi reine bihalui sunde leue
vndi lazse sich der armen
durch den richen got irbarmin
205 mit clediren undi mit spisen.
di sichin sal he wisen
vndi virsmen alli idilcheit.
dat is dir zun, di upe deme gravin stet.
noch dan inwirt der vride nimmer gut,
210 he ne si ovine mit dornin bihut.
vndi alse der man dit het bistan,
so sal he zv grifin mit beidin handen
vndi sal den dorn ave howin,
dat he niman inmuge crowin,
215 vnde in up sinen zvn vlechtin:
so bizechint he den girechtin,
di dat *mit* manheidi bisteit,
alsi he sin unret widerdeit.
di erde, da der dorn upe stunt,
220 di wirt mit deme dowe virsunt,
dat si dregit vruth, / der dir man vvol mach ginizzin.
nu wil ich v den garden inslizen,   [(Hs 114r)
wi iz der mennischi sal anne van,
ob he dar in willit gan.
225 wil he da mit vride leuen,
he sal alliz wider gevin,
dat he mit wochere ginam
ob mit luchurkunde giwan
an manne ob an wibe,

---

200. da (K)   221. der der dir (G¹)
217. min (G¹)

4 *

230 dat nimmir pennic inbliue.
    sint si avir irstorbin,
    so give hez iren eruen.   (G 37)
    alse he dit tan het gitan,
    so mach he sichirliche gan
235 in den bivritden bongart,
    di vorme dive is biwart,
    di durch di groze stolzheit
    vil in groze arbeit.
    nu mirchet, wi he mit Adame ani hup,
240 deme he zerst durch sine svelle gruf
    vndi rit, dat in got virstiez,
    du he im bit logen warheit inthiz.
    vor disime widerwarthin
    so hat dis man sinin garthin
245 harthe uuol gidornit,
    he inwirt nimmer gezurnit.
    Swi *den* guden samin wille sen,
    he sal deme heiligin geiste vlen
    vnde geuin sich vaste in sini giwalt,
250 so machit he in wis undi balt
    vndi irmeret sine vurnusticheit,
    di di stolzhet / dir nidir sleit.   (Hs 114 v)
    spot undi homut,
    di insint nirgen gût.
255 ser spother levit uppime rife,
    di da uellit in den sifen.
    he ni uuirt nimmer gervet,
    wen dat *hen* di wrme stervet.
    zu den schonin blŭmin had he haz,
260 he inmag nit di baz.
    he inhet dicheine stedicheit:
    als in di sunni ani geit,

---

240. deme he he zerst (G¹)   258. he
247. dem (G¹)   262. al (G¹)

so muz he vlizen in di bach.
he inguinnit nimmer gimach,
265 albiz he kummit in den se;
so hat ez arger dan e. (G 38)
michil wirs sal der spotter gedien,
der sich nit inleiset virkrien.
in der helle legit he fundamunt,
270 des wirdit sin arme sele wnt.
dat virgifnusse he vor ime dregit,
so wirt al *sin* blut irwegit.
Der hoemut zugit dat luchurkunde,
– dat is di meste sunde,
275 iz inwirt nimmer widerdan –
he mac vuol mit deme wrthedere gan.
di mit den ougen wenken,
si bizechinint den owesprenken,
di liget undi uirzert di vrut.
280 so wil he sich hevin in di lût
vnde vellit nidir in daz graf
difir dan he e was.
alse / lichte kûmmit dirre drier val. (Hs 115 r)
da vor hude sich menschenkunne al
285 vnde so we dit is, dat hes ave ste,
e in di sensine ovirge.
di sensine bizechint den dot,
di blume si wis obe rot,
so wat si mit der wazzin giveit,
290 allis si dar nider sleit;
so wirt ez zu enime howe.
iz ist wnder, dat ich mich ummer givrowe,
sint dat ich dise bozheit ovir mir dragin.
unde werden wir mit disime nezze irslagen,
295 da der duvil den menschin geweit,
so ist unse lange arbeit

---

272. si (G¹)

iemirliche zu ende kumin.
unsir chein inkan dem andiren givrumin.
wat hilpet den man di grozzi richeit,
300 *als in* der dot der nider sleit?   (G 39)
mit ime inwrit he ninit me
wan ein hemide vuiz alse der sne
vnde einin lenimunt *unde eine* bruch:
da mide mans dunkit gnuch;
305 dat andir leiset he sinin kinden.
wo sal he herberge vinden,
da he giruwe di erste nath,
he inhavi sich bi zide vor bidat?
het he dat unreth widertan,
310 dat sihit he alliz vor ime stan;
vndi reine almusen gigeven,/
dat hilpit ime ewiliche leven;   (Hs 115 v)
vnde leth he den armen sin dach,
so gvinnit *he* rûwe unde gimach;
315 vnde inhet he des nit gitan,
so mûs he umbe di stule gan
vndir di druppen ane dag;
he niguinnit nimmer gimach.
di ane barmherzicheit levit als ein ve
320 undi sundet ane vorthe hi,
der wirt *ave* vorfin *unde* inslahin,
da he sal weinen undi clagen.
der ruwe iz dan zu spede.
de nawaledede
325 helpent dem girechtin man,
de iz mit wochere nit inguan,
Dat id im zv staden steit,

---

297. ende de kumin (K)   314. gvinnit rûwe (G¹)
300. alin (G¹)   321. ane (K), vorfin inslahin (K)
303. in einir   327. Di im id (Pf)

so was man imme nach deit.
da alli sunde sule blecken,
330 wi stent den masilsutigin ir vleche?
also giberet der gyre man,
den niman uollin gisagin kan.
mirchet, wi *der* masilsutige det,
also giberet ouch di gyrheit.   (G 40)
335 dir gir inwirt nimmer wol sinis gidankes,
also indeit dir masilsutige sinis drankes.
so ist der gyrge immergliche *geleidit*,
alda im alliz dat leidet,
dat he mit den ougen gisiet.
340 in der helle / uuirt ein michil strit: (Hs 116r)
da vluchit der uatir sinime kinde,
he sprichit: ,,unselich ich dich uinde,
in dem beche muzsis du immir levin!
deme dode han ich mich irgevin
345 aldurch dine sculde,
ouch han ich godis hulde
durch dinin willin virlorn.
unselich wrdistu ie giborn,
dv vuers virvluchit, du ich dich gwan,
350 want dich irbarmide niman.
dvrch dinen willin wochirtich gnuch,
da bi ich luchurkunde druch.
di armen dwanc ich undir mich,
domit so ervede ich dich:
355 des sin wir ewiclichi dot.
mochtich nu sterben, des were mir not!"
Dit ist ein iemirlich strit,
alse der sun wider zv den vatir quid:
,,dat erve, dat du mir hes gigebin,
360 da musistu dotliche levin
in dem ewilichin ŵre!

---

333. den (G¹)   337. gecleidit (K)

alli gnadi si dir dûre!
got gab dir *wnf* sinne,
do wocherdestu inne.
365 des induchti dich ni nit gnuch,
des dir di arme zu druch;
des saltu mit wurmen levin,
di dir ummer hizze sal gevin: (G 41)
dat sint naderin unde kraden,
370 si / sulin dich girlichi gisaden.   (Hs 116v)
du were uns beidin unnuzze.
ich deilin dir den helle puzze,
de is ovene enge undi nidine wit,
da man nimmer vrovde insit.''
375 herane gedenke man undi wib:
dit ist ein unstede lib.
di gyrheit sul wir lazsen
unde dragin uns mit mazen
vndi minnen barmherzicheit,
380 di alli bozheit dir nider sleit,
vndi gidult unde othmud,
di machit *unse* sinne gut.
so we gode dinit, he wirt gikronit,
der nu duvile dinit, mit vbile ime lonit.
385 antwedirin wech muzsen wir gan,
di wile wir di kure han.
nu bidin wir di namin dri,
so wat an uns wandilberic si,
dat he dat giruche stillen
390 vndi bineme uns bosin willen
vndi keren an unsir selen hel.
sewa des heiligin geistis en teil
gespringe an ein herze,
dat *wirt* inphengit ane smerzen,

---

363. wns (G¹)   394. dat inphengit (Pf)
382. ŭns (G¹)

395 dat wirt ein irwelit vas,
    do inwonit inne nit noch haz.
    waz is danne, dat da inne buwit,
    dat is *allir* der werelde gitruit,
    want is ovch nimannen bitrovit
400 vnde wider got ninit *giovit?*
    womide uirt / dat vûr gibut?   (Hs 117r)
    dat is gidult vnde otmut,   (G 42)
    dat is di allirbeste mide
    vndi binimit alle ovili side.
405 vnde wese barmhercich wider *dich* seluen niet,
    uene, dat enime andiren zv vuile gischit:
    so stiget dat wazzir durch di glût.
    si sint doch beide wal bihut,
    want is ouch under alle engile luthit:
410 dat wazzer inhet dat ẘr nit gibûtith
    – di doch sint zusamini gimengit.
    da mide mûzin wir werden bisprengit,
    so mugin wir ani wewin
    kumen zu den ewen.
415 mit deme wazzere werden wir giwaschin.
    dat ẘr birnit ane ezsin,
    wan iz schinit, alsi di sunne deit,
    da si an iren eth duginden steit,
    de si numet dan eine en hat,
420 da mide si nu umbe gat.
    der helige geist hat du math,
    als uns di scriph vor hat gisath,
    dat he dit alliz wal volbrengit,
    ob *ims* di menscheit virhengit.

---

398. alli (R)   405. sich (Pf)
400. girovit (Pf)   424. uns (Pf)

IV. Christliche Lehre

Israhel, dat quid: got sinde.   (G 43)
des waren di iuden ginde,
du si got gisande
uzsi des Pharaonis lande,
5   da her Moyses in daz / mere insloz,   (Hs 117 v)
dat da e mit grozsin vnden vloz,
mit einir ruden, di da magit hiez,
vnde he is avir wider liz,
bis Pharao da inne irdranc:
10   dat bizechint, dat dir duvil virsanc,
du in dir godis sun gibant
vndi nam di sine, di he da vant.
di rude *bizechinit* di maitheit,
da der godis sun dur von himile screith,
15   da he di menschit ane nam
vnde als umbewollin von ir quam
als der bûz, di da brante,
da her Moyses got inne irkanthe,
da he selue widir in sprach;
20   dat he daz holz grûne *sach,*
so dat dis holz ni lob virloz.
da he *di* sumirladin irkoz,
got gibot im, dat *he si* brach,
vndi alsi he *si* rechti bisach,
25   de nam he si an dem ende
vnde warf si von der hende:
do wart si zu einime slangen
vndi *quam* widir zv im gigangen.
dit was wndir, dat is *gischach.*   (G 44)
30   he vv in ub, alsi he in sach

---

13. bizenchinit   24. sich (G¹)
20. waz (K)   28. vndi widir (G¹)
22. den   23. hene (K)   29. gischaz

      – du was iz abir en virga.

      daz / was sancta Maria,   (Hs 118 r)

      da her Ysayas ave sprach,

      du hes in deme heiligeste gisach.

35   dat alli di prophetin hant avi giscrivin,

      dat is der cristinheidi bliuen.

      Ezechiel eine porten sach,

      von golde lither dan der dach

      vndi von edilme gesteine;

40   si stunt bislozin aleine,

      ein gicirit kunic da durch reit:

      dat bizechint di magitheit,

      da sich got wolde an irnuwin.

      des inwillint di iuden niet gitruwen,

45   want si ie wider dat reth striden.

      si gilouvint, dat ein iude quemi giritthin

      dvrch eine porten, di ni obquam.

      vnde ovch von der ewe, di her Moyses nam

      giscriven an sime steine

50   – wisti si got veste vndi reine,

      so hethe iz an ein pergimint gisath,

      dv is in her Moyses gibat –

      dit gilovithin si alli an undirseit;

      so wi si birithit, iz ist en leit,

55   mit der herthen dragint si ovir ein.

      dat is di sami, di da vellit ub den sten:

      he spruzit, biz he grûne steit;

      alsi im di vuchte avi geit,

      so mûz he dorrin an ir hût.

60   alsi du in di spise von der luth

      quam / givallin als ein sne,   (Hs 118 v)

      dvrch girheit namin si iz me

      dan in der ewe sichte   (G 45)

      – dv virlurin si iz mit rechte.

---

42. da (K)

65 ir inkein inkan dime andirin nit givrumin;
wan dv inmag ir chen dar avi kumin,
di *dar* iemir zu gude gidie
– di sint an iemirlichin krige.
Mit *sinden* ovgin sint si blint,
70 hez ist Endicrist, des si wartindi sint,
Messyas ist in vngireit
– he was di kunic, *di* durch dise bislozine porten reit.
di porte, di da bislozzin steit,
si bizechinit di renichet,
75 alsi dat reine herze bislozzin steit,
want dar nimmer bosheit in ingeit:
dv wishet het sich drin gisath
vnde geueit den besten dugindin stat.
da di porte was gisteinit,
80 *da mite was di magit gimeinit.*
got sande ir sinen boten zu hant,
di was Gabriel ginant.
he sprach: „heil, *Maria, sistu,*
vol *der gnadin bistu,*
85 al himilis here het dich bikant.
dir inbudit di hoste heilant,
he wil sich an dir irnuwin;
des saltu wole gitrven.''
der heilige geist was undir in,
90 zu iren schedilin ẘr he in
vndi *da* wart der godis / sun gisat   (Hs 119r)
in der wisheide stat.
da muste he irvullin
sinis vadir uillen.
95 ane vleckin si magit von ime ginas,

---

67. dir (M)   83. sistu Maria (K)
69. herzin (S)   84. bistu der gnadin (K)
72. kunic durch (K)   91. vndi wart
80/81. fehlen in der Hs. (S)

alsi di sunne schinit durch daz glas,   (G 46)
da was si mudir undi magit,
si infeit ir sundirliche clait,
si is barmherzic unde milde.
100 des gisinnit ouch de wilde,
de kundit v di mere.
Iesus, dat quid: heilere,
in hebreissen heiz he Messyas,
want he got undi mennischi was,
105 heiligiste heilige hiz in Daniel,
Ysayas Emanuel
– dat sprichit: got si mit uns.
dat is der brudigume sponsus,
der di cristinhet zv enir brud irkos,
110 da mit der duvil virlos,
dat he mit lugine guan.
beide wib vndi man
wurden an deme cruce irlost,
alsus hat uns der megide sun irlost.
115 Beati qui *uerbum dei audiunt*
et *illud custidiunt.*
is ist recht, dat wir *iz* v dudin,
want is *kristinen* ludin
gescrivin ist zu heile,
120 dat ein iwelich mensche deile
dem andiren, dat he gudis kan;
des vas inwirdit / nimmer wan.   (Hs 119 v)
so wi dat godis wort gerne horit
undi zu gude kerit,
125 he is selich, ob hez bihaldin kan
– des *wirt* gibuzzit manic man.
so inmûs he niwit eine kumin,

115/116. Beati qui audiunt uer-   117. wir v (K)
bum dei. et custodiunt illud   118. kistinen (G¹)
(G¹)   126. wir (G¹)

al dir werilde sal he vrumin.

den dumben sal he birichtin undi leren

130   undi alli *sundere* ze *gude keren.*   (G 47)

so mach di gudin sami bicliuin

an manne undi an wibe,

nimmer bose vruth he gitregit.

di einime sundere sin herze biwegit,

135   di machit al himilis here vro.

he leidit den diffen burnen ho,

di uon dem herze zv den ovgen geit

vndi di alden sunden ave dveit

– di verden der sunnen glich;

140   alsus machit man den armin rich.

mit der seluir duginde sul wir uns biwarin,

dat wir eine zu himile nit invarin.

Nv horit, wi Austri sprach,

du si herrin Salomonin zehers sach.

145   hei kundi luzzil me wan si,

si sprach, prudens prudenti

– da mide si in virsuchti –

„dv eine wishe *des andiren giruchti!*"

dit soldin alli di minnen,

150   di sint von *scharpin* sinnin.

want / ich inhaldin nit vor *einen* wisen man,   (Hs 120r)

di gude liste aleine kan,

wan virborgine wishet

der selen nit vurrsteit.

155   an weme si irstiruit,

so dat si keine vruth irwirvit,

dem mochte liuer wesen hie,

---

129. dem (G¹)
130. siden (G¹), nide Ke
145/146. stehen in der Hs. nach
    Z. 160 (K)

148. dv andire gûte (K)
150. schapin (G¹)
151. inhaldin eine nit vor wisen

dat he were dumbir dan ein vie.
Di wisheit wil, dat man si teile,
160 vant si gischaffin ist zu heile.
si giuit allin den dugenden math.
is inwirt ouch niemir gude vollibrat,
man innemis zv der wisheidi rat.
he is selich, di si givassit hat   (G 48)
165 *unde* hait deme dvvile widersait
undi nimit von der wisheide mat,
dem wirt dat himilrichi bikant
– *von du is si* Sapientia *ginant.*
Vir inmugin di wisheit nit giwinnin,
170 wir inwillin di truwe minnen.
Abraam was di erste man,
di der truwin bigan.
des walde got zv ime gan,
alsi dri engili gidan,
175 di bethe ane vor einin got.
dat was dat erste *gibot,*
dat nur di cristinheit bigeit.
di helige drivel/dicheit,   (Hs 120 v)
di sûsse sancta trinitas,
180 giuit dir truwin rat, als ich is laz,
want di wisseit reichit ere di hant
– von du is si *fidelitas* ginant.
Ville wir di wisheit ane betin,
so mussen wir uf di letiren dredin,
185 di in den hostin himel geit:
dat is di othmudicheit.
si nimit der sunnin irin schin,
si mach vil wale dat olei sin,

---

165. in (G¹)   deme man. di dir truwen
166. Zeile fehlt in der Hs (K)   bigan
168. want di is (K), ginat (G¹)   176/177. erste dat (G¹)
Nach 172: undi was der erste   182. wisheit

dat man in di tovfi guscit
190 vndi ummer inbovin vluzit.
want des heiligen geistis rat
mit der othmude stat,
des is si *dem* gihorsam
– von du heizit si obedientia.
195 Di da *barmhercich* sint,
di sint alli godis kint,
wan got sal sich ovir si irbarmin. (G 49)
si trostint di armin;
wanne imanne missechit,
200 des *invrowint* si sich **nit**,
want si bit der wisheide sint.
dar umbe is, dat gilucke blint
irdeilit ungilicke:
machit manigen riche,
205 di barmherze ni inguan,
noch durch got nit gevin inkan.
nach irin uerkin wirt in gilonit;
also got misericordiam gicronit
vndi leidit si **wur** di wisheit,
210 alda othmude steit.
da vindit man *offinunge* / unde truwe. (Hs 121 r)
si *leuint* ane ruwe,
ir iliclich bi dem andirin lit,
si inkunnin sich giscedin niet.
215 alsus uirt in ir lon gigevin,
si sulin ewiclike levin,
vrů undi spade di vrodi nimmer zugeit;
alsus leidit si di visheit,
wan ich inheizin nimannin riche,

---

193. des (Pf) 211. offingen (G¹)
195. barmhertich (K) 212. leuit (Pf)
200. invrowit (Pf) 213. iir (G¹)
207. noch

220 hene leue ewiliche.
des helfe uns pater et filius
et spiritus sanctus. Amen.

ANMERKUNGEN

I. Dit ist Veronica

4. Köhn schrieb *alen,* aber *allein* scheint besser. Vgl. I 549.
5. Grimm und Köhn lasen *ir* und Köhn druckte *in.* Ich lese *iz,* was auch unverständlich ist, denn der Sinn erfordert ein Negativum.
16. Die Handschrift habe ich genau wiedergegeben. Wie schon Grimm feststellte, liegt hier offensichtlich ein Fehler vor, denn Gideon kämpfte nicht gegen die Philister, sondern gegen die Midianiter, vgl. Iudic. 6–8. Grimm schlug vor *Samsonis* zu schreiben, aber Köhn wies darauf hin, daß auch Berthold von Regensburg denselben Fehler aufweist (Pfeiffer Bd. I 1 S. 37, 22).
17. Num. 22, 22–33.
24. An diesem Wort allein sieht man die Vielfalt der Schreibformen, die dem Dichter und den Schreibern zur Verfügung stand. In den vier Gedichten findet man folgende Schreibungen: *had, hadde, haddi, hadte, hadthe, hadthi, hadti, hatde, hatdi, hatthe, hatte, hatthi, hatti, hethi* und *hethe.* Grimm schlug *hede* vor (!) und Köhn setzte *hadde, hatte* habe ich vorgezogen, weil dies in dem ersten Gedicht die überwiegendere und in den ersten 100 Versen die einzige Form ist, vgl. 41, 66, 70.
25. Königin von Saba des Orients ist gemeint.
66. Anspielung auf die Vorhölle, vgl. 81, 389f.
68. *der godes* kommt nur dreimal vor, *der godes sun* hingegen sechzehnmal. Aus diesem Grund habe ich mit Grimm und Köhn *sun* ergänzt, obwohl Kraus darauf hinweist, daß *der godes* anderswo für sich steht, namentlich *Summa diem.* 102, 28, *Griesh. Pred.* 1, 117, 2, 91, *Hoheslied* 121, 7. Aus demselben Grunde habe ich auch I 252 *sun* ergänzt, da *godis* ohne Artikel nur an dieser Stelle zu finden ist, wogegen *godis sun* siebenmal vorkommt.
69. Eine offensichtlich verderbte Stelle. Köhn schrieb *und de heilich geist was gisant.* Aber es ist vielleicht besser, nach Z. 68 einen Punkt zu setzen, denn die Erlösung der Väter aus der Vorhölle hing nur sehr indirekt von der Sendung des Heiligen Geistes ab. Ich glaube eher, daß der Dichter hier eine Anspielung auf die Verkündigung macht und

gleichzeitig Z. 68 erklärt. Kraus Vorschlag, *heimlich* statt *heilich* (von einer Vorlage mit *heīlich?*) zu setzen, habe ich daher angenommen.

72. In *driechete* vermutete Kraus einen Fehler, da die Bibel (Dan 2) niemals von dem Stein berichtet, er sei dreieckig gewesen. Wenn das Wort eine Erfindung des Dichters gewesen wäre, so hätte er, meinte Kraus, unbedingt den Gedankengang auf die Dreifaltigkeit bezogen. Er hat aber keinen konkreten Vorschlag.

98. Der Übergang von der indirekten zur direkten Rede ist beim Wilden Mann nicht selten, vgl. I 403, I 476.

100. Die Umstellung stammt von Köhn. Obwohl in der Handschrift *gnade* am Anfang der nächsten Zeile steht, paßt das Wort besser in diese Zeile hinein. Daß das erste Wort einer Zeile einen Nebensatz beenden kann, sehen wir auch I 428. Hier müßte aber nach *gnade* der ganze Satz zu Ende sein, was sonst nicht vorkommt. Köhn hatte es sich leichter gemacht, indem er las: *mir sul geschin gnade. du du..;* ich lese aber: *mir sul geschin. Gnade du du...*

106/107. Lukas weist auf seine lange Erfahrung als Maler hin: „Ich meine, daß ich schon immer malte, bevor ich überhaupt nach anderem (Gen!) zu streben wußte...“

118. *eiden* habe ich stehenlassen und nicht mit Köhn in *heiden* gebessert. Beim Wilden Mann kommt es öfters vor, daß ein „h“ am Wortanfang fehlt, vgl. I 126, 230, 262, 352, II 22, 63, III, 278, IV 30. Umgekehrt steht manchmal ein „h“ am Wortanfang, wo man keines erwartet, vgl. I 492, II 179, 254, III 133, IV 55, 70. In diesem Zusammenhang weist Ganz in seiner Anmerkung zu Werner Z. 36 auf Meier, *Jolande* S. XLVII.

127–129. Z. 127 bezieht sich wohl auf die drei Sprünge Christi. 128/129 verstehe ich so: „Wer hinfort Christus malen wollte, er (Christus) dürfte nicht ruhen.“ Dessen muß der Maler sich bewußt sein.

161. *chennit* – mhd. *kint*. Beachte die Schreibung *kint* nur sechs Verse später (167).

164. Eine solche Doppelschreibung wie in *virczethage* sehen wir auch in *heiligeist* (I 642).

203. Köhn setzte auch *mennischen* aber änderte *under* in *wider di*.

208. *di namin* – die Dreifaltigkeit ist damit gemeint. Um dies klar zu machen, fügten Sprenger, Köhn und Kraus *dri* hinzu.

216. *quertine* – Grimm erklärte dieses Wort als eine Ableitung aus dem lateinischen *quarantena*: vierzigtägiges Fasten.

236. *wortis* – Grimm und Köhn lasen *wortis;* ich lese aber *wortisl*.

240. Grimm wollte *riten* hier als „antreiben, reizen, in Versuchung führen“ auffassen. Dazu aber mußte der Teufel Subjekt sein. Ich vermute eher eine bildliche Darstellung, daß Christus vom Teufel nach Jerusalem geführt, getragen wurde.

270. Die handschriftliche Lesung könnte man eventuell so auffassen: *da mit wandin si sich, di armin, girichen...*

283. Kraus behauptete, diese Zeile sei unverständlich. Ich verstehe: „Das allererste (Gebot), das ist dein Verderben." Vgl. Exod. 20, 3: „non habebis deos alienos coram me."

294. Sprenger faßte *irkennen* als „verehren" auf und übersetzte: „daß er (Christus) ihn (den Teufel) nicht verehrt hatte." Dazu mußte er *in* statt *sin* schreiben. Kraus' Interpretation, nämlich daß der Teufel noch nicht erkannt hatte, ob Christus Gott oder Mensch wäre, scheint wohl treffender.

302. Siehe auch II 254. Nach Josephus Flavius wurden bei der Zerstörung Jerusalems dreißig Juden für einen Pfennig verkauft, und nicht umgekehrt, wie hier gesagt wird.

325 Der Binnenreim ist der einzige beim Wilden Mann. Köhn wollte auch einen in *insiht - niet* (I 549) sehen. Allerdings änderte er die Handschrift in *aleine insit ir min nit* um. Für eine andere Art von Binnenreim siehe III 383.

342. Roediger erklärte diese Zeile: „Es wird, wie es scheint, das Zerspringen des Steines durch äußere Gewalt als eine Folge innerer Erregung des belebten dargestellt."

352. *er* – mhd. *her*, vgl. Anmerkung zu I 118.

393. Grimm übersetzte *in siner giwere* als „in seinem himmlischen Gewand".

421. Wenn man diesen Vers so interpretiert: „daß uns der Leichnam nicht abhanden kommt", ist es nicht nötig, eine Änderung vorzunehmen. Köhn, Sprenger folgend, setzte: *dat unse e nie zuge.*

422. Köhn übersetzte: „Sie verstehen sich darauf, noch mehr auszusinnen."

423. Man beachte den Übergang von der Mehrzahl in die Einzahl.

426. *havin* – konjunktiv aufzufassen.

434. *liflich* – im Sinne von „lebendig".

453. Dies muß heißen, wie schon Sprenger sagte: „Es dürfte keine neben (außer) ihnen kommen, wenngleich man ihrer drei nennt." Köhn schrieb: *en dirde dar nit inquam in bi,* was zu weit von der Handschrift abzuweichen scheint. Unter den Evangelisten herrscht keine Einigkeit. In Joh. 20,1 lesen wir nur von Maria Magdalene, in Matt. 28, 1 von „Maria Magdalene et altera Maria", in Marcus 16, 1 von „Maria Magdalene et Maria Iacobe et Salome" und in Lucas 24, 10 von „Maria Magdalene et Ioanna et Maria Iacobe et caeterae quae cum eis erant". Der Dichter hat vielleicht diese zwei Zeilen, die vollkommen entbehrlich sind, nur eingeschoben, um seiner Ansicht in einer Kontroverse Ausdruck zu verleihen?

457. Köhn, abermals weit von der Handschrift abweichend, schrieb:

wes in gine geruchten. Sprenger wollte *gegrutin* als „die Erschreckten" auffassen. Die Besserung stammt von Kraus, der *dine (di ine)* nach *gine* hinzufügen wollte. Der Sinn ist dann: „Da sprach der Engel laut zu denen, die ihn grüßten", und bezieht sich auf Lucas 24, 5 „cum declinarent vultum in terram", was zweifelsohne als Gruß aufgefaßt werden kann.

462. *wat* – Köhn schrieb *we,* vermutlich weil es Marcus 16, 3 heißt: „Quis revolvet nobis lapidem ab ostio monumenti?" Da dies aber eine Zukunftsfrage ist und unserer Stelle nicht ganz entspricht, habe ich *wat* stehen lassen.

467/468. *gilath/gidath* – Diese Umstellung wurde schon von Grimm vorgeschlagen. Obwohl die handschriftliche Lesung keineswegs sinnwidrig ist, ist die Umstellung passender und verständlicher.

469. *von ein* – Köhn übersetzte: „voneinander", vgl. Werner Z. 220.

476. Vgl. Anmerkung zu I 98. Köhn fügte *he sprach* hinzu.

483. Meier wollte *schuden* als „zogen Schuhe an" übersetzen, Pfeiffer wollte es durch *spuoden* („beeilten sich") ersetzen. Köhn schrieb *huven.* Aber Grimm hatte wohl recht, indem er *schuden* als Alternativform zu *schiden/schieden* (vgl. I 469) auffaßte. Er wies auf mehrere Beispiele, wo „i" durch „u" ersetzt wird: *du* statt *di* (II 15), *duse* statt *diese* (I 622), *su* statt *si* (I 312) usw. „u" und „i" stehen sich auch im Reime gegenüber in *virswinden/sunden* (I 141/142) und *annesûnne/ sinne* (II 11/12).

545. *sazen* – man könnte sonst höchstens *waren* setzen, was der Handschrift näher wäre, aber den Reim stören würde.

552. *honich unde wisch* – die Besserung stammt von Pfeiffer, dem Köhn folgte. Grimm faßte *honichwich* als „honigwirz" auf und wollte darin das „favum mellis" (Lucas 24, 42) erkennen.

566. Man könnte *he* als *e* auffassen (vgl. Anmerkung zu I 118) und *alse* als Kontraktion von *als* + *he.*

578. Köhn schrieb *gimath* statt *brath.* Kraus wies aber darauf hin, daß *bringen* mit einem Eigenschaftswort im Sinne von „machen" mehrmals belegt ist.

606. Grimm übersetzte: „Ihr sollt in Demut verharren". Köhn änderte *nit* in *mit* und übersetzte mit Roediger: „Ihr sollt euch daran (am Paternoster) ermutigen." Ich fasse *irbalden* im Sinne von „schnell, übermütig werden" auf. Die Jünger sollen nämlich nicht sofort predigen, sondern erst, wie Z. 607–611 gesagt wird, auf den Heiligen Geist warten.

620. *quid ammiramini* – eine alte lateinische Variante zu Act. 1, 11, wo es heißt: „Viri Galilaei, quid statis aspicientes in caelum?" Kraus wies auf S. Pauler Pred. 107, 1 und 108, 20, wo beide Formen vorkommen. Die Form *quid ammiramini* ist auch im Introitus der Messe für das Fest Christi Himmelfahrt zu finden.

645/646. Ohne einen Grund anzugeben, stellte Köhn diese Zeilen um:
> *dat an im irstarf di vorte.*
> *sente Petir warp up di porten,*

647. *irris* – Possessivum.

II. Vespasianus

1. Grimm schrieb *giscach.* Er wies in seiner Vorrede auf die Vorrede zu *Wigalois* (S. XXXIV) hin, wo von einem s-ähnlichen Zeichen für „ch" in der Handschrift zu *Wigalois* die Rede ist. Das Zeichen wird so abgebildet: geſchaʒ Grimm will dasselbe Zeichen beim Wilden Mann und Werner gelesen haben, und zwar: II 1, 79, III 143, IV 29 und bei Werner 56 und 146. Ich lese aber II 1 und II 79 eindeutig „s" (ſ) und sonst „z". Köhn setzte an allen diesen Stellen „ch", sowie auch Ganz in seiner Ausgabe von Werner. Es handelt sich lediglich um das Wort *gischach.*

2. *ovir* – Die Besserung stammt von Kurt Stübiger: *Untersuchungen zu Gundacker von Judenburg (= Germanische Studien 15),* Berlin 1922, S. 143. Er verweist auch auf I 564, wo *ovir* in diesem Sinne gebraucht wird. Grimm und Köhn ergänzten *dusunt* und lasen: *vor dusunt zwein undi vierzich iaren undi ein dach.* Stübiger macht auf eine Stelle in der Kaiserchronik (III 613 ff.) aufmerksam, woraus hervorgeht, daß die Eroberung Jerusalems 42 Jahre nach dem Tod Christi stattgefunden haben soll:
> „do wart Jerusalem zebrochen,
> unde gotes tot gerochen.
> daz geschach nach gotes tode
> zwei und vierzic jar,
> daz seit uns diu schrift vür war."

Da Grimm und Köhn sich bei der Datierung des Gedichtes hauptsächlich auf diese Stelle stützten, muß man jetzt andere Kriterien und Beweismittel dazu heranziehen.

58. *umbe* – Kraus hielt *wider* für besser, aber es heißt z. B. in Hartmanns *Iwein* (7985 f.):
> „e ich die grozen minne
> ze rehte umb iuch verschulden müge."

Lexer gibt unsere Stelle unter *verschulden* an, und zwar als *verschulden mit Dativ der Person.* Dazu wird Grimms Vorschlag gedruckt: *dat ich iz immer in wil virschuldin.*

79. Vgl. Anmerkung zu II 1.

97. Köhn las diese Zeile als dem Satz 95/96 zugehörig und strich *undir.* Ich ziehe vor, *undi* zu schreiben, wie Kraus vorschlägt, und mit dieser Zeile einen neuen Satz anzufangen.

101. *iz* – Köhn ergänzte *in.* Mhd. *duch* kann sowohl neut. wie auch masc. sein. Da der Dichter Z. 100 *iz* schreibt, obwohl er Z. 98 *den duch* geschrieben hat, ziehe ich *iz* auch hier vor. Vgl. II 118–120.

126. *hez* – Grimm und Köhn ergänzten *iz,* aber sie schrieben: *do (du) he mir iz.*

149/150. Köhn stellte diese zwei Zeilen um:

> *den vrowen was ein gadin gireit,*
> *da inne haddin si alle ir gisvasheit.*

da inne könnte sich aber auf das Schiff beziehen, und *alle* auf die ganze Besatzung, sowohl wie auf die Frauen.

195. *do* – Köhn ergänzte *alse.* Kraus meinte, man könnte eventuell *vnde* temporal auffassen. Aber, wie er selber zugibt, ist dies sehr unwahrscheinlich, da der Wilde Mann *vnde* sonst nur als Bindewort setzt.

212. Man beachte den Subjektwechsel.

231. Wie Sprenger bemerkte, würde *ist* dem Sinn besser entsprechen als *war.*

238. *gidilichi* – verstehe ich als *geteliche,* „angemessen, passend, in richtiger Weise". Grimm schlug *geheliche* vor, Wackernagel *giteliche,* Haupt *gediliche.* Köhn schrieb *sigilichi* und schlug außerdem *sigeriche* und *degenliche* vor.

254. Vgl. Anmerkung zu I 302. Köhn faßte *hei (ei,* vgl. Anmerkung zu I 118) als Fehler auf, denn er behauptete: „Solche Wendungen sind eigentlich nur in verneinten Sätzen zur Verstärkung der Verneinung gebräuchlich, so daß auch aus diesem Grunde ein Zweifel an der Richtigkeit der Lesart berechtigt ist." Kraus wies aber darauf hin, daß *ein ei* als etwas Wertloses nicht nur in Negationen vorkommt und zitierte Denkm. XXVII 2, 151.

255/256. Diese Zeilen beziehen sich, wie Roediger sagte, auf die Sage von der Wanderung der zehn jüdischen Stämme nach Indien, vgl. R. Andree: *Zur Volkskunde der Juden,* Bielefeld 1881.

267 ff. Wie Kraus bemerkte, ist die Ansicht, daß die Juden sich vor oder an dem Jüngsten Tag, bzw. zur Zeit des Antichrists, bekehren werden, allgemein unter den Kirchenvätern verbreitet. Man liest davon bei Ambrosius, Hieronymus und Augustinus. Dasselbe kann man auch bei Otfrid (V 6) lesen, vgl. Erdmanns Anmerkung zu Otfrid V 6: „vgl. Alcuin in Joh. pag. 633: Notum est, quod in fine mundi ad redemptoris fidem etiam Judaea colligetur, Paulo attestante, qui ait (Rom. 11, 25): donec plenitudo gentium intraret, et sic omnis Israel salvus fieret." Roediger machte auf eine Parallelstelle bei Schönbach Altd. Pred. III 168, 15 ff. aufmerksam. Der Kampf mit dem Antichrist wird bekanntlich auch im Muspilli geschildert.

278. *hirthe* – Sprenger verstand dies als *herte,* „Härte, Verstocktheit“.
Köhn schrieb *irride,* aber Sprengers Interpretation scheint treffender,
vgl. Matt. 19, 8, wo von der alttestamentlichen Ehescheidung die Rede
ist, die Moses den Juden erlaubte „ad duritiam cordis vestri“.

III. Van der Girheit

3/4. Ich verstehe so: „Der heilige Engel ordne meine Sinne... und
das Gedicht, das ich verfasse, daß ich es zusammenhängend schreibe.“
5. *leg* – Dieser Gedanke wird Z. 12 wieder aufgenommen und erklärt.
Grimm betont dies ausdrücklich in seinen Anmerkungen, weil Maß-
mann behauptet hatte, der Dichter nenne sein Gedicht einen Leich.
Grimm übersetzte: „Darum sage ich, das gedicht sei besser als ein er-
götzlicher leich, damit man es achte, nicht jemand darüber spotte, der
nicht einsieht, wohin es zielt.“
9/10. Köhn machte auf diese Lücke aufmerksam. Wie er, kann ich
auch keine passende Stelle in den Paulusbriefen finden, wo der hl.
Paulus Gott bittet, er möge das Herz eines Hartherzigen erweichen.
23. Köhn schrieb *den mennischin,* aber ich möchte die Stelle so aus-
legen: „Die Habsucht ist wie das Meer. Wie der Mensch der Habsucht
nachgeht, so geht der Wind zum Meer hin, treibt es zusammen und
sorgt dafür, daß alle Wasser darein fließen.“
52. Roediger wollte diese Zeile so auslegen: „wo der Habsüchtige sei-
nen Platz erhält“. Wie Kraus aber bemerkte, bezieht sich die Stelle
auf die Dunkelheit, von der Z. 36 und Z. 41 die Rede ist.
62. *allir dir* – Vielleicht hat der Dichter hier das Zeitwort *eisen* be-
wußt persönlich gebraucht. Da es aber sonst nur in unpersönlichen
Konstruktionen belegt ist, habe ich auch mit Grimm und Köhn die
entsprechende Änderung vorgenommen.
65. Wie Kraus sagte, wäre eine konzessive Konjunktion sinnvoller
gewesen als *want.*
68. *sine vriet* – Köhn schrieb *si invurit.* Man kann aber verstehen:
„Keine Barmherzigkeit befreit sie“.
70. *man* – habe ich hinzugefügt, weil ich mir die Zeile anders nicht
erklären kann. Grimm und Köhn haben die Zeile nicht beanstandet.
74. Köhn, Sprenger folgend ergänzte *guldin. swaz* ist nur *Karlmeinet*
4,12 und 340, 65 belegt und scheint in der konkreten Bedeutung zu
stehen: „Gegenstand des Geredes, der Prahlerei, des Prunkens.“
92. Köhn schrieb: *dat erve ervet sunde,* aber *dat* kann sich wohl auf
das Vorhergehende beziehen. Ich verstehe: „Das erbt Sünde, so daß
Buße nicht dagegen aushalten kann.“

119–124. Köhn meinte, dies spiele auf das Mahl des Thyestes an, aber Kraus hat wohl das Richtige getroffen, indem er auf Eccl. 34, 24 hinwies: „Qui offert sacrificium ex substantia pauperum, quasi qui victimat filium in conspectu patris sui."

138a/138b. Wegen der Form *dut* gegen sonstiges festes *deit* hielt Köhn diese zwei Zeilen für interpoliert. *dut* kommt sonst beim Wilden Mann nicht vor, wohl aber einmal bei Werner Z. 359, wo Köhn einfach *deit* setzte, ohne aber die Echtheit der Zeile anzuzweifeln. Köhns Argumente sind nicht überzeugend, besonders da *dut* hier als Reimwort steht, und da Köhn auch zugibt, die Form sei an der Grenze des Mnfrk. Smfrk. durchaus möglich. Die Zahlen 138a/138b habe ich aber beibehalten, um nicht von der Köhnschen Zeilenzählung abzuweichen.

143. Vgl. Anmerkung zu II 1.

186. *net* – Köhn zog *veit* vor. Ich verstehe dies als mhd. *naehen*. Man könnte auch *in sinim herzen (h)et* interpretieren.

202. *bihalui* – Grimm erklärte dies als das niederdeutsche Wort *behalben,* „ohne, außer".

240. Von Bahder erklärte den Ausdruck *jemandem under die swellen graben* als „einbrechen". In diesem Zusammenhang zitierte er *Eracl.* 4018ff. und *König von Odenwalde* (Germania 30, S. 306, Z. 497ff.).

258. *wrme* ist hier wohl *wirme/werme* – „Die Wärme tötet ihn."

268. *virkrien* – Das Wort ist nur hier belegt und scheint tatsächlich die von Grimm angesetzte Bedeutung „durch Zuruf abschrecken" zu haben.

276. *wrthedere* – Grimm wollte *verratere* setzen, Köhn setzte *murdere*. Von Bahder faßte das Wort als *worthadere,* „Wortgezänk" auf. Nachdem Hochmut und Lüge genannt worden sind, kann Wortgezänk wohl als die dritte Sünde stehen.

283. *dirre drier* – nämlich diejenigen, die durch *hoemut, luchurkunde* oder *wrthedere* sündigen. Grimm dachte an den Spotter, die Heuschrecke und den Reif.

316. Kraus wollte *uber di svele* statt *umbe di stule* lesen und übersetzte: „Wenn er dem Armen auf Erden seine Behausung nimmt (313, 315), so muß er nach dem Tode über die Schwelle der Herberge (306, 307) hinaus in den Regen, ohne ein Dach *(ane dag)* zu haben – eine für den notdürftig Bekleideten (302ff) besonders empfindliche Strafe." Trotzdem dieses einen passenden Sinn ergibt, möchte ich doch die handschriftliche Lesung beibehalten. Die Stühle sind dann die, die im Himmel für die Seligen aufgestellt sein sollen. Da findet er keinen Platz und muß unter der Dachtraufe stehen. Wie Roediger bemerkte, mag die Sitte, die Leichen von Verbrechern nicht in der Kirche, sondern unter der Dachtraufe zu begraben, zu der Gestaltung dieser Stelle des Gedichtes beigetragen haben.

324. In der Handschrift steht: *de na wale dede*. Köhn faßte dies zu einem Wort zusammen und übersetzte: „die Nachwohltaten", die er als Seelenmessen für die Verstorbenen interpretierte.

332. Statt *gisagin* schrieb Köhn *gisadin*. Ich verstehe aber: „Hier kann niemand den Habsüchtigen völlig anklagen oder völlig in seiner Sünde beschreiben."

333. Köhn, Sprenger folgend, schrieb *wazzirsutige* statt *masilsutige*, was vielleicht einen passenderen Sinn ergibt.

335. *wol* – mhd. *vol*.

360. *dotliche* – wurde von Köhn durch *notliche* ersetzt. *totliche leben* ist aber ein bekannter theologischer Begriff In diesem Zusammenhang wies Kraus auf *Himmelreich* Z. 53 und *Jüngstes Gericht* D. 289, 27 hin.

383/384. Das einzige Beispiel eines solchen Binnenreimes beim Wilden Mann. Bemerkenswert ist, daß in der Handschrift beide Zeilen einen großen Anfangsbuchstaben haben. Ein großer Anfangsbuchstabe ist normalerweise nur am Anfang eines Reimpaares zu finden. Hier ist auch nach *dinit* in beiden Zeilen ein Punkt, woraus vielleicht zu schließen wäre, der Dichter wollte nicht zwei sondern vier Zeilen haben. Für eine andere Art von Binnenreim siehe I 325.

387ff. Der Gedankengang ist sehr kompliziert. Ich verstehe: Wir sollen den Heiligen Geist bitten, uns zu helfen. Wenn er in unsere Herzen einzieht, werden wir zu auserwählten Gefäßen. Unsere Herzen werden entfacht und wir besitzen die Tugenden der Geduld und der Demut. Die Barmherzigkeit muß auch noch hinzukommen (durch die Tränen des Mitleids in Z. 406 ausgedrückt). Nur wenn wir diese drei Tugenden besitzen, kommen wir zum ewigen Heil.

389. *he* – bezieht sich wohl auf den Heiligen Geist. Der Dichter denkt vielleicht schon an den Heiligen Geist, der aber erst Z. 392 ausdrücklich genannt wird.

400. Pfeiffer erklärte *giovit* als *geüebet, betrüebet* – „Jedermann vertraut diesem Feuer (das der hl. Geist in des Menschen Herz entzündet hat), weil es niemand verletzt und auch wider Gott nichts tut."

405. Roediger und Kraus wollten *barmherzich widir sich selven wesen* als unveränderlichen Begriff behandeln. Aber es schien mir besser, mit Köhn *dich* statt *sich* zu setzen.

417–420. Diese Zeilen kann ich ebensowenig wie Köhn erklären. Ich finde nirgends die Rede von den acht Tugenden oder Eigenschaften der Sonne. Vermutlich bedeutet Z. 419 „von denen sie nur noch eine hat", aber da die Stelle so dunkel und unverständlich ist, hat es wenig Sinn, Änderungen vorzunehmen.

IV. Christliche Lehre

29.   Vgl. Anmerkung zu II 1.

30.   *vv* – mhd. *huob,* vgl. Anmerkung zu I 118.

34.   *heiligeste* – Köhn schrieb *heiligesten,* aber Kraus hat wohl das Richtige getroffen, indem er dies als zusammengesetze Form von *heiligen geist* auffaßte, vgl. I 642. Er zitierte mehrere Stellen, wo der Ausdruck *imme heiligen geiste sprechen* vorkommt, z. B. S. Pauler Pred 9, 29, so daß der Ausdruck *imme heiligen geiste sehen* durchaus nicht unwahrscheinlich wäre.

53.   *gilovithin* – in der Handschrift scheint es, daß der Schreiber *gilovithn* geschrieben hat. Grimm und Köhn lasen *gilovitlin.*

65–68.   Roediger erklärte diese Zeilen am besten: „Keiner von ihnen kann dem anderen etwas nützen. Deshalb vermag keiner von ihnen davon (von seinem Irrglauben und seiner Verstocktheit) los zu kommen, so daß je etwas gutes aus ihm würde. Sie befinden sich in einem kläglichen Kampfe (eben mit ihrer Verstocktheit).‟

79–82.   Die zwei fehlenden Zeilen wurden von Sprenger ergänzt, der aber *he* statt *got* schrieb. Wie Köhn bemerkte, ist der Edelsteinschmuck der Pforte vorbildlich für die Fülle der Gnade in Maria. Diese Bedeutung geht verloren, wenn man andere Vorschläge annimmt, wie z. B. Meiers:

> *dat di porte was gisteinit,*
> *da bi was Gabriel gimeinit.*

90.   Entspricht der Vorstellung des Mittelalters, daß Maria Christus durch das Ohr empfing.

98.   „Sie empfing ihr besonderes Kleid‟ – Gnaden und Privilegien. Köhn änderte unnötig in *si inpheit den sunder, di da clagit.* Sprengers Vorschlag ist wertvoller: *si inphet ir sun dir liche kleit* – „inseruit filio corporalitatem.‟

100.   In der Handschrift ist es nicht klar, ob *wille* oder *wilde* steht. Grimm und Köhn lasen beide *wille* und faßten es als Fehler für *wilde* auf.

108.   *brudigume sponsus* – Weil er *uns/sponsus* als unmöglichen Reim ansah, hat Pfeiffer *gespuns* vorgeschlagen. Meier wollte *brude gespuns* schreiben, und Köhn setzte *gudi gispuns.* Es ist aber schwer zu glauben, daß der Schreiber aus Versehen ein lateinisches Wort in den Text hineinschreiben würde. Daher möchte ich die handschriftliche Lesung vorziehen. Grimm meinte auch: „Da Wernher ziemlich genau reimt, so darf man bei ihm die niederdeutsche form *us* voraussetzen.‟

113/114.   Köhn, Pfeiffer folgend, setzte Z. 114 *gitrost* statt *irlost,* damit nicht in beiden Zeilen dasselbe Reimwort stehe. Aber man findet

dasselbe Reimwort in beiden Zeilen eines Reimpaares auch in III
171/172.

115/116. Es ist anzunehmen, daß der Dichter diese Stelle als Reim
schrieb, und daß der Schreiber die Bibelstelle (Lucas 11, 28), die er
vielleicht auswendig konnte, wörtlich wiedergab.

130. Grimm und Köhn schrieben beide *undi alli sundere bikeren*. Es
ist vielleicht besser, *ze nide* nicht ganz wegzulassen, sondern durch *ze
gude (ze gode?)* zu ersetzen.

143–148. Köhn setzte Z. 145/146 an diese Stelle. Es ist schwer zu
glauben, daß der Schreiber zwei Zeilen vergessen und sie dann an fal-
scher Stelle später hinzusetzen sollte, aber eine andere Erklärung ist
nicht zu finden. Die Stelle ist sehr schwierig. Vielleicht ist sie so aus-
zulegen: ,,Sie sprach, ein weiser Mensch zu einem anderen, und mit
ihren Worten versuchte sie ihn (2 Para. 9, 1: Regina quoque Saba,
cum audisset famam Salomonis, venit ut tentaret eum...): ,Der eine
beweise des anderen Ruf!'" Sie sollten also beide ihre Weisheit auf die
Probe stellen. Das würde auch die nächsten Zeilen erklären, wo es
heißt, man soll seine Weisheit nicht verbergen. Köhn geht noch wei-
ter und sieht in Z 148 die deutsche Übersetzung von *prudens prudenti*.

168. Wegen der ähnlichen Stellen (Z. 182, Z. 194) habe ich mit Köhn
die Umstellung vorgenommen.

182. *wisheit* ist sicher falsch. Köhn schrieb *truwe*. Kraus aber, auf
die Parallelstellen (Z. 182, Z. 194) hinweisend, schlug *fides* vor. Viel-
leicht ist *fidelitas* der passendere lateinische Ausdruck.

194. Man würde eher *humilitas* als *obedientia* erwarten.

www.ingramcontent.com/pod-product-compliance
Lightning Source LLC
Chambersburg PA
CBHW050351030726
47503CB00008B/2730